U0369880

没有空白

陈晓萍 /著

图书在版编目（CIP）数据

没有空白 / 陈晓萍著. —北京：北京大学出版社，2017.7
ISBN 978-7-301-28406-3

Ⅰ. ①没…　Ⅱ. ①陈…　Ⅲ. ①陈晓萍—文集　Ⅳ. ①C539

中国版本图书馆 CIP 数据核字（2017）第 109750 号

书　　名　没有空白
　　　　　　MEIYOU KONGBAI
著作责任者　陈晓萍　著
责任编辑　贾米娜
标准书号　ISBN 978-7-301-28406-3
出版发行　北京大学出版社
地　　址　北京市海淀区成府路 205 号　100871
网　　址　http://www. pup. cn　　新浪微博：@ 北京大学出版社
电子信箱　em@pup.cn　QQ:552063295
电　　话　邮购部 62752015　发行部 62750672　编辑部 62752926
印 刷 者　北京中科印刷有限公司
经 销 者　新华书店
　　　　　　880 毫米 ×1230 毫米　A5　9 印张　180 千字
　　　　　　2017 年 7 月第 1 版　2017 年 7 月第 1 次印刷
定　　价　58.00 元

人生没有空白（代序）

人生短暂，没有时间可以用来浪费在自己不喜欢的人或事上。

在人的一生中，我们做过的每一件事，遇到的每一个人，去过的每一个地方，读过的每一本书，看过的每一部电影，听过的每一首歌，见过的每一处风景，写过的每一行文字，都会在我们的身心留下痕迹，成为塑造我们精神气质的一部分。从这个角度来看，我们经历过的每一分钟都不是虚无的，人生没有空白之处。

然而，很多时候，我们似乎是毫无选择地被抛进某段历史、某个事件之中。首先，我们的出生总是极为偶然的，既不能选择时间、地点，也无法选择父亲、母亲。其次，在幼年时期，我们很难选择生活的环境，抑或接受教育的场所和程度。再长大一些，我们发现要完全按照自己的兴趣爱好选择工作甚至配偶好像也不大容易。我们好像始终是被某些神秘的因素裹挟着向前行走；到最后，连自己会在何时何地以何种方式离开人世也常常无法确定。

那么，我究竟是谁呢？我来到这个世界又有什么意义？

关于这两个问题，我大概从十岁起就开始思考了（难怪我的中学老师一直说我少年老成）。小学四五年级的时候有一阵迷上纸牌算命，不仅给其他小朋友算，也给自己算，不亦乐乎。结果发现接连有两次算出来，我的命里都写着“未来会成为一个高尚的人”。而其他小朋友的命运都与寿命长短、富有程度关联更大。这个抽象的“高尚的人”的描述让我困惑了相当一段时间，之后就忘却了。

多年后我开始学习心理学专业，大量阅读弗洛伊德和荣格的心理分析著作，并开始对自己的思想、情绪、行为和梦境加以深入的剖析，用第三只眼睛观察自己的一言一行，写下累累日记。慢慢地看清楚自己，知道自己大概是一个什么样的人：喜欢什么，憎恶什么；擅长什么，畏惧什么；相信什么，不信什么。与此同时，突然发现自己对他人的理解也变得十分容易，而且很快可以感觉到自己与某个人的气味（气场）是否相投。这种神奇的知觉在我开始冥想之后愈发明显，而且透过别人反观自己也使自己对自身的了解更为透彻：我距离一个高尚的人还相当遥远。

可是关于人生的意义这个问题长期以来都只有含糊的答案。如果说生命偶然，那么死亡却是必然。既然如此，意义本身也许就是一个伪命题。意义存在于每个人的生命之中，也存在于每个人的生命之外。

从可以把握的生命部分来说，其实就是外在环境再强大，个体也总有做选择的空间。如果我们选择去做自己喜欢并且擅长的事情，那么这个过程和结果给我们带来的快乐及愉悦就会达到相当高的程度。同样，如果我们选择与我们喜欢的、气味相投的人沟通和交往，那么我们很快就会找到深刻的友谊和爱情，体验到人生的乐趣和幸福。遵从了这两个“如果”，我们做的每一件事（工作、读书、旅行），认识的每一个人（新知、故交），就都会给我们的生命带来巨大的能量。人生因此没有空白。

而个人生命之外的意义，既然要发生在我们离开人世之后，就留给后人去判断吧！

以“没有空白”命名本书，除了其直接的含义之外，还可以考虑这四个字的其他组合，在某种意义上，它们都点到了本书收集的文章所蕴含的多层意义。

是为序。

陈晓萍

2017 年 3 月于美国西雅图

目 录 Contents

新经济
新管理

有车同开，有屋同住

正当人们对共产主义心存疑虑的时候，共享型经济（sharing economy）却开始在欧美大地上现出雏形。

在美国，一个普通家庭一般拥有两辆汽车，但是每天的行驶时间通常只有一两个小时，其余的时间汽车都用不上。另外，一个普通家庭一般拥有一套住房，大约三居室，但常常有一间剩余，留作客房。现在试想有一位远道而来的好友来到此地游玩，好客的你把他接到家里居住，并且把自己的车也借给他用几天。这样做对你自己没有任何损失，而且还帮助了好友，何乐而不为？在这种情况下，你信任好友不会损坏你的房子和汽车，而且鉴于你们的友谊，你还允许他免费使用。但当我们跳出你和好友的圈子，却可以看到另外一层含义，那就是，在这种情况下，你不仅与好友增进了友谊，而且还使你家的房子和汽车得到了更大的使用价值。换言之，在同等资源量的情况下，其产出的价值更高。起码在那几天里，你家的房子和汽车有一点“物尽其用”的意思了。

其实在通常情况下，一年里也没有几个好友前来使用你家的房子和汽车，它们基本被闲置、无人问津，发挥不了应有的价值。但是人们常常对自己拥有的东西有一些感情上的牵绊，即使不用也舍不得放弃。除了房子、汽车，还有穿了没几次的西装、套裙、牛仔裤、高跟鞋，以及被冷落了很久的锅碗瓢盆、家具、玩具，等等。有用之物得不到使用无疑是一件可惜的事情。虽然有些人因为保护隐私或者其他的原因不愿意分享自己财富的使用权，但却也有一些人愿意变废为宝，用自己家里闲置的家当换取实物或金钱回报。只是这样的想法在互联网出现之前的时代很难实现，因为那时无论是信息的发布、使用者的选择，还是钱物交换的完成，都相当不可思议。

可是在今天的互联网社会，情况就不一样了。互联网的一个重要特征就是共享。最为人所熟知的就是“转发微信”，因为转发本身就是共享 / 分享信息和知识。当然更别提像谷歌、百度、Youtube 这样的搜索网站，以及其他林林总总的各式专业和非专业网站了。在这些互联网平台上，读者可以免费分享到从新闻到历史、从尖端科学到日常生活的各种知识和技能。当然，读者本人也可以成为知识和技能的贡献者（比如维基百科），在这些平台上分享自己的经验，让别人缩短学习的时间，减少可能会走的弯路，为整个人类更快地进步贡献力量。

这样的共享文化在互联网平台上存在已久，几乎成为互联网的基因。把这个概念升级，就变成用互联网创造物联网平台，把不同个体拥有的多余资源的信息放在网络平台上，把素不相识的人连在一起，找到需要该资源的个体，通过有偿形式让他使用你所拥有的闲置资源，双方获益。在这种情况下，你家闲置的房间和汽车就可以为你创造价值，同时为那个陌生的使用者创造价值。这种物尽其用的双赢模式岂不令人兴奋？这也是近年来创造如此平台的企业日益增多的重要原因。最有名的大概可以数 Uber（地上借车）公司，以及 Airbnb（空中楼阁）公司了。

先说 Uber（2009 年成立），这个公司可以让你成为租车“公司”的老板，也可以让你成为业余的出租车司机，使你家那辆平时一天只开一两个小时的汽车发挥更大的效用。你只要报名并在移动电话上安装 Uber 的 App，就可以营业了。虽然你不了解来借车的那个人的底细，但是用车完毕后你们要彼此打分，如果一个车主或者客户长期以来得分都低的话，车主便不会再有顾客问津，那个客户也没有车主愿意理睬了。自毁信誉，从此没有生意。我有一位同事就是使用 Uber 的常客，他说，这样他自己不需要买车，不用买保险，也不用买停车位，没有一点负担；而且他每次要用车都在 5 分钟内可以实现，有时还遇到同一个司机，慢慢地就熟识了。有一次他要带我们的一位访问学者去吃饭，就叫了一辆 Uber，看他们彼此可以叫出对方的名字，这位访问学者以为司机也是我们系里的同事，上车之后也尽量和司机聊天，但又总觉得哪里不对劲。到最后才知道是 Uber 的缘故，我们大笑。

再说 Airbnb（2008 年成立），这个公司可以让你家多余的房间变成别人度假的酒店，使你成为业余店主，让你家的房子发挥更大的效用。多年前有一个电影《恋爱假期》（*The Holiday*）说的就是这个模式。一位在好莱坞居住的女公司高管（卡梅隆·迪亚茨扮演）圣诞节要去伦敦度假，就在网上找到了可以和自己对换房子居住的一个英国女孩（凯特·温斯莱特扮演）。电影是喜剧，女高管在英国爱上了英国女孩的哥哥，而英国女孩在好莱坞的豪宅里小住的过程中，与年老的邻居（曾是好莱坞巨星）结下了友谊，还与女高管木讷的同事点燃了爱情火花。通过 Airbnb 找到的房子价格一般更合理，而且比住酒店更能够深入了解当地文化。现在 Airbnb 已经在 190 个国家运营，预估市值接近 8 亿美元。类似地，Uber 已经在 54 个国家运营，预估市值达到 49 亿美元。

其他有利于你方便地使用你个人多余的资源产生价值的企业还在不断诞生，并受到投资者的追捧。比如帮你共享停车位的公司（如 ParkWhiz、Parking Panda），帮你共享家庭用品的公司（如 Yerdle），帮你出租你多余的服装的公司（如 Twice、Vinted），甚至帮你外卖食品的公司（如 EatWith），等等。

一个新型的共享型经济正在出现，它对人们的思维方式和生活方式都将产生巨大的冲击与颠覆。要使这个经济形态变成常态，需要打破许多现行政策的框框，需要人与人之间有信任和合作的基础。我们准备好了吗？

2015 年 3 月于美国西雅图，载于《管理视野》第 03 期

公司可以有良心吗?

最近，有一个名词，一个崭新的名词，开始在美国企业家中口口相传，这个词就是“有良心的资本主义”(conscious capitalism)。信奉并提出“有良心的资本主义”这个概念的企业家是著名的完整食品超市 (Whole Foods) 的创始人约翰·麦基 (John Mackey)。他说，虽然经济学家假设人的行为出发点是为了个人利益，但是许多企业的创始人却常常是出于使命感而不是利益而创业的。比尔·盖茨创建微软，杰夫·贝索斯创建亚马逊，史蒂夫·乔布斯创建苹果，马克·扎克伯格创建脸书，起初的出发点都不是为了赚钱。再比如他自己，从创业第一天开始就怀揣着改变食品质量的目标（完整食品超市出售的全部都是有机食品），为大众的健康和环境保护开启一条新的道路。他所创建的是一家“有良心的公司”。

那么什么样的公司算有良心呢？主要有四条衡量标准。第一，公司的根本目的不是赚钱，虽然公司必须赚钱才能实现其崇高的社会目标。第二，公司不仅在乎股东的利益，更关怀员工、顾客、供应商、社区以及整个生态系统。第三，公司的领导能够把员工身上最优秀的品质和才能发扬光大。第四，公司的文化中渗透了爱和信任。依照这些标准，我发现西雅图地区就有好几家公司可以被称为有良心的公司。

第一家就是微软（Microsoft）。微软赚钱自不待言，它对员工的关怀也是做得比较极致的。首先是高工资，其次是高福利。微软员工享受的医疗保险大概是最全面的，员工看病几乎不花一分钱。公司还提供免费的健身设施，其宏大和全面的程度可以与国家体育馆训练奥运选手的场地相媲美。此外，考虑到环境保护，公司还专门提供上下班班车服务，并且这些班车都是半电动的，以减少对大气的污染。此外，还有对社区的关怀，公司除了自己向西雅图地区的图书馆、中小学、大学、音乐厅、画廊、广播电台等捐赠款项之外，还鼓励员工为社区的非营利组织服务。其鼓励的方式很简单实用，那就是如果员工向某公立小学捐赠 500 美元，公司立刻也向那所小学捐赠 500 美元。如果员工不捐钱，而是采取义务劳动的方式帮助某小学的话，比如一个星期花三个小时帮助学校组织活动等，那么公司就会把这些时间折算成钱数，然后捐赠相应的钱给这所小学。公司给每个员工一年一万美元的社区捐赠预算。

另一家是星巴克（Starbucks）。星巴克的业绩长期以来都很好，公司股票从 1992 年上市以来已经达到 2 000% 的增长。星巴克的核心价值观是“快乐回报”（return of happiness），强调三个快乐：首先是员工快乐，其次是顾客快乐，最后是股东快乐。公司的逻辑是：只有员工快乐了才能开心地服务顾客，顾客快乐了才能成为回头客，每天来喝咖啡、吃点心，这样公司才可能维持盈利，股东才能快乐。员工快乐因此成为公司管理的要点。而要使员工快乐，公司必须善待、厚待他们。与一般的餐饮企业不同，星巴克不仅给每一位员工，包括临时工上医疗保险，而且实行全员（包括临时工）持股。从维护整个生态系统的角度来看，星巴克也是做得相当到位的。从供应链的上游开始，为了提高咖啡豆的质量，公司在非洲辅导当地的农民培植高质量的咖啡，并且保证用“公平贸易”的价格购买他们的产品，使农民有可依靠的收入来源，改善其技能和生活。到供应链的下游，公司从使用的咖啡杯、搅拌棍、餐巾纸着手，坚持使用回收品再造技术以及对环境不会造成长久伤害的材料。另外，与微软一样，星巴克也有相似的措施鼓励员工为社区服务，用“matching fund”（配比基金）支持员工的善举。

还有一家是好市多（Costco）。好市多2014年曾被《商业周刊》评为全世界最便宜、最快乐的公司，可谓名不虚传。好市多是一家仓储式购物超市，采取会员制的方式运作。超市里的货品和服务从食物到植物，从书籍到电器，从家具到钻戒，从洗照片到配眼镜，什么都有。最关键的是这些货品都是大包装的，质优价廉。公司关心员工、关怀顾客的表现非常明显。从顾客的角度，公司确保所出售的货品都是百里挑一、精选之后才上架的（公司有一大支采购队伍在世界各地奔波），同时也确保每一件货品的价格都是最合理的，不管其他地方卖什么价钱，好市多的毛利都确定为 14%，不多赚顾客一分钱。这也是顾客每次去好市多买东西都不容易找到停车位的原因，他们感到自己被善待了。此外，公司给员工的工资、福利和医疗保险也都比同类企业要高出很多，而且公司“爱和信任”的文化氛围明显，员工之间互相帮忙、互相开善意玩笑的情景随处可见。在高强度的工作状态下，每个员工的脸上还能始终保持自然的笑容，可见他们有多开心。

但是，既要保持这么低的毛利，又要维持员工高福利其实是有相当大的难度的。换言之，要做一家有良心的公司不是嘴上说说这么容易的。举个例子，最近有一家要做有良心公司的公司就遇到了很大的挑战。这家公司名叫容器商店（The Container Store），专门出售家庭用来存放东西的各种各样的容器，比如各种架子、盒子、罐子、袋子，等等。该公司虽然不大，资产也不多，但却很有名。它的名气主要来自《财富》杂志一年一度“最佳雇主”的评选，不仅近十五年来它年年榜上有名，而且还有好几年它都名列第一！在美国好公司如林的情况下，这可是太高的殊荣了。为什么它能上最佳雇主榜呢？当然是因为它善待员工啦。容器商店给售货员的平均年薪高达 4.8 万美元，是同行业的

2倍，而且在员工上班的第一年免费向其提供263个小时的在职培训。容器商店在1978年开业，创始人基普·廷德尔（Kip Tindell）自幼酷爱整洁，所以才对能保持家庭整洁的容器产生极大的兴趣。从公司成立那天起，廷德尔就坚持三条原则：尊重员工，给他们高薪；把供应商和顾客视作家人；大家开心。长期以来公司依靠私募基金（PE）投资支撑，基本达到有良心公司的条件。可是，2013年公司上市以后，因为无法达到华尔街预期的季度利润增长指标，股价迅速下滑，要维持原来的高薪、高福利变得非常困难。

廷德尔很着急也很困惑，就找他大学时的朋友——完整食品超市的约翰·麦基商量，他也向好市多的创始人吉姆·斯内加尔（Jim Sinegal）讨教。这两位从自己的经历出发，建议他不要理睬华尔街的评价，也不要理睬股价的波动，因为这些都是短期导向的行为。沉下心来，十年磨一剑，坚持自己的理念，一定能找到既赚钱又不失良心的方法，这种方法就是：通过你的产品和服务创新为用户创造更多的价值，使他们心甘情愿地为这些产品和服务买单。

有良心的公司为人类、为社会带来持续的发展和进步；相反，没有良心的公司给人类和社会带来雾霾及灾难。也许，每个公司都应该扪心自问一下：我的良心在哪里？

2015年3月于美国西雅图，载于《管理视野》第02期

借助商业实践推动社会进步

中国有句古话，叫作“无商不奸”。但是近年来对不少美国成功企业进行观察后我发现，有些商人非但不奸，反有大善。他们之中不乏期望通过商业实践来推动社会进步之人，比如谷歌的两位创始人佩奇和布林，从创办公司那天起，就以“不作恶”为座右铭，其实就是对“无商不奸”的直接反驳。脸书的创始人扎克伯格，怀着在人与人之间建立联系的梦想，创建脸书这个互联网平台，到目前为止已经把世界上17亿人连接在一起。他的下一个富含雄心壮志的项目是要让世界上另外10亿人也能用上互联网，把可以上互联网视为每个人都应该享有的基本权利。扎克伯格试图连接世界的理想，更是只有善意，而无“奸”的成分。此外，就是非互联网公司，比如完整食品超市的创始人麦基，快餐连锁店Chipotle的艾尔斯，他们对美国整个食品生态链（从土地的使用到农作物的种植，从家禽的饲养到食用）的影响也几乎家喻户晓。他们的行为甚至影响到麦当劳的食物选择，比如麦当劳最近已经宣布在美国开的餐馆里，将只用没有被注释过抗生素的鸡肉。

在推动社会进步方面做得比较突出而且持久的可能要数星巴克的掌门人舒尔茨了。舒尔茨的大善表现在几个方面，首先是善待员工（在星巴克被称为伙伴）。自1988年起，无论是正式工还是小时工，星巴克都给予他们全面的医疗保险。1991年之后，伙伴们更享有“咖啡豆股权”（bean stock）。这样的做法在美国快餐饮食行业中从未有先例，而舒尔茨之所以如此是因为自己的童年经历。那时，他父亲以开大卡车为业养活全家，在一次事故中受伤了，却因为公司没有给他买医疗保险而无能为力。此事在他幼小的心灵中埋下的不是怨恨，而是一颗善良的种子，让他早早认识到公司真心关怀员工的重要性。舒尔茨在2000年曾经离开星巴克，让空降的职业经理人接管，公司却在此过程中经历了危机，使他不得不在2008年重新回来（就像苹果公司面临危机时，邀请原创始人乔布斯回去一样）。就是在那样的情况下，华尔街敦促他缩减成本，取消一部分医疗保险，他也坚决不答应。从2015年开始，公司还推出了“大学成就”项目，为1.4万名就读大学在线课程的员工 / 伙伴支付学费，预计在未来10年要花费2.5亿美元。

舒尔茨的大善还表现在对待种植咖啡豆的农民的方式上。星巴克是少数几个最早遵循“公平交易”（fair trade）原则以优厚价格购买咖啡的公司。这样做一方面是为了咖农得到合理的报酬，另一方面是为了鼓励咖农以可持续性的方式种植咖啡，不破坏土地的质量。2004 年，星巴克正式推出了“咖农公平”项目，把这项实践固化下来，让对环境有保护意识的咖农得到丰厚的报酬。

跳出星巴克本身，舒尔茨的大善也体现在他对社区和社会进步的举止上。早在 1991 年，星巴克就开始赞助一个名叫 CARE 的救灾基金会，最后成为其最大的赞助者。1997 年，公司又成立了星巴克基金会，推动当地社区的扫盲活动。1999 年，公司创建了社会责任部，开始有目的地开展工作。比如，2005 年对 ETHOS 瓶装水公司的收购，之后每售出一瓶水，就把其中盈利的 5 分钱捐献给净水项目组织，为提高居民饮用水的质量做贡献。2009 年，舒尔茨联合美国著名歌手 U_2 乐队主唱波洛（Bono）倡导红色宣言活动，为非洲的艾滋病患者提供医疗药品。2011 年，星巴克成立了一个名叫“在美国就业”的私募基金，为小微企业提供贷款。同年，星巴克还在两家门店（纽约一家，洛杉矶一家）试行与该店所在的社区进行利润分享的做法，每年为社区贡献近 24 万美元。最近星巴克又增加了一些参与该项目的门店，最新的一家在韩国的首尔。

2012 年，公司公开提出在华盛顿州支持同性恋婚姻合法化，在遭到宗教组织抗议的时候，舒尔茨毫不退却，甚至建议他们出售星巴克的股票去投资其他公司。2013 年，在美国连续出现中学、小学枪击惨案的时候，舒尔茨明确提出持枪者一律不允许迈进星巴克的店门。虽然这不符合华盛顿州的法律，但他公开表明自己和公司对“枪法”的立场。与此同时，他宣布在未来的五年之内，将聘用一万名退伍军人到星巴克工作。

去年3月，在电视上目睹多起黑人青年被警察枪杀的事件之后，舒尔茨彻夜难眠，觉得自己身为一个大公司的管理者，应该做些什么去减少种族对立的现象。虽然他自己是犹太裔白人，从未遭受过种族歧视；同时他也深知种族问题在美国社会的敏感性，弄得不好要给自己和公司带来麻烦。但是他又觉得自己如果什么都不做，从良心上过不去。如今的星巴克，在全球已有2.2万家门店，顾客人数超过7 500万，公司的举动对全社会的影响已不可低估。在与伙伴们进行多次对话，又与公司高管层进行反复讨论之后，他决定开展一个“不同肤色者共同奋进”（Race Together）活动，鼓励店员们在咖啡杯上写上这个标语，并大胆与顾客讨论与种族相关的问题。此举一出，24小时之内就引起了强烈反响，大多为负面评论，指责星巴克以此吸引眼球，为自己做广告，等等。可是舒尔茨并不泄气，他是真心关心种族问题，与他一贯的理念相符，希望通过自己和公司的影响力推动社会进步。因此，他开始仔细检讨对这一活动的推进策略。找出其中出现的问题，并寻求可能的解决方法。但是无论如何，他要攻克这个社会问题的决心已定。令人欣慰的是，这一风波发生之后，星巴克的盈利没有下降，反而上升了，股价也达到历史最高纪录。

在对员工和生态链上的相关者大善的同时还要保持盈利，维持公司的良性发展，并给股东丰厚的回报，对企业家的要求显然极高。这些具有强烈社会责任感的企业家不仅有脚踏实地的管理才能，更有呼唤良知和激发情感认同的感召力。正是这种感召力，使他们推动社会进步的愿望成为可能。而一个社会要从无商不奸过渡到商者大善，还需要全民的良知和觉悟。

2015 年 7 月于美国西雅图，载于《管理视野》第 07 期

制度背后的逻辑

婴闻之：橘生淮南则为橘，生于淮北则为枳，叶徒相似，其实味不同。水土异也。

——《晏子春秋·杂下之十》

制度可以把人最善良、最崇高的一面激发出来；制度也可以把人最卑鄙、最丑恶的一面引导出来。

——本文作者

每年秋季，当树叶从绿色变成其他各种色彩的时候，我们大学一年一度的绩效考核就开始了。我第一年加入华盛顿大学参加考评时，惊讶地发现学院有详细的考核标准和量表，不论是教学、科研还是服务，标准和条目都异常清晰，几乎都是客观指标，没有模棱两可的项目。比如教学，我们主要考核的是学生评价、同事课堂观察、课程大纲和教材的质量，根据在这三项上的得分，一个教师的教学分数（9点量表）就出来了。再比如科研，主要的考核标准是发表的论文质量、在重要学术会议上的宣讲、担任重要核心期刊的编辑编委、对同事的研究提供反馈、培养博士生，等等，也是用 9 点量表进行评分。很显然，我们的考核体系采用的参照体系是绝对标准，只要产出达到量表上的某一点，分数就确定下来了。而且，晋升的体系和标准也相当明确客观，也是绝对标准，虽然有时间限制（助理教授 6 年之内），但没有指标限额，也与其他同事的表现无关。任何教师，不管任职年数和年龄、性别，只要达到要求的标准，随时可以提出晋升的申请。

仔细思考这套制度，就能看出其背后隐藏的假设和逻辑。首先是教授之间存在对教学科研评价体系指标的共识，比如发表在什么期刊上的论文水平较高，哪些学术会议是重要的，学生对哪些教学项目的评价权重应该较大，等等。其次是假定有能力并且努力的教授经过若干年之后应该可以达到这些标准，而一旦达到，就有资格在我们学院担任终身教授。再次，因为标准的绝对性，每个教师都可以自己掌握自己的命运，而不需要通过与别人进行比较或竞争才能晋升。最后，教师应该有决定自己职业升迁的主动权，不需要被动等待别人来发现自己，得到提拔。

同时，为了帮助教师达到这些标准，学院采取了一些措施来保护年轻教师的工作时间，只要求他们把 10% 的时间用在与教学科研无关的行政事务上。教学和科研并驾齐驱，但尽量让教师无须开设新课，而是教授同一门课程（多个班级）若干年，达到驾轻就熟的程度。对于科研项目，不仅提供经费支持，还提供实验空间、设备和仪器、数据库，并设置专门的数据分析统计专家帮助他们解决问题。整个配套系统的安排都是为了让教师可以专心致志地从事教学和科研活动，达到标准，从而在学院可以有永久任职的资格。

经过十多年的考核历练，从自己被别人考核到自己考核别人(我们的考核程序是高一等级的教授考核低一等级的)。再随着自己工作角色的变化，从普通教授到系主任再到副院长，需要我来考核的人数不断增加，范围不断扩大。我发现这套考核制度以及配套的措施从管理和激励的角度来看，产生了良好的效果。

首先，采用统一明确的程序和标准，可以保证不同系、不同专业的教授之间考核结果最大限度的一致性。即使某个标准有所偏颇，也是对所有人偏颇，是一致的，要纠偏也比较容易。这个一致性可以让大家感到考核制度的透明性和公平性。

其次，因为采用的是绝对标准而非相对标准，所以不仅能够让每个教授都清楚自己的努力目标，而且可以鼓励同事之间的合作。大家合作研究发表的论文对所有论文作者有同样的价值。而且因为时间压力，助理教授之间合作做研究取长补短更可能在较短的时间内取得较多的研究成果。因此，教师之间愿意头脑风暴，交流最新的研究想法，不断激发彼此的思维，导致有趣的研究课题源源不断地产生。

再次，由于晋升没有名额限制，同事之间就完全不存在竞争关系，也不需要勾心斗角或者打压排挤，系里和院里的气氛就比较宽松，彼此之间也十分友好，没有是非。大家都可以把精力花在最值得花的工作项目上，专心致志，取得优秀的成绩。

最后，这套制度还能鼓励主观能动性，激励大家不断挑战自我，使自己可以提前破格晋升。谷歌的“我的晋升我做主”的职业发展体系就是受到学术界晋升系统的启发创造出来的。

可以想见，采用这种考核制度的组织文化氛围以及个体的工作热情与态度是多么积极和正向，其直接的结果就是丰硕的科研成果和良好的同事关系。我们学院的教授总人数虽然不多（不到90名），但科研产出却在全球商学院中名列前茅，与我们的绩效考核制度不无关系。

反观中国大学的教师考核制度，我发现在几个关键点上有着显著的不同。首先是评价标准的公认程度，每个系和专业对顶级期刊的认定存在争议，因此权威人士的判断就成为标准。要使自己专业的期刊列入顶级，就必须通过影响权威人士的方式。造成的后果可能是巴结权威，或向所谓的“学霸”低头。

其次是标准经常变化，刚刚宣布说在A类杂志上二审的论文可以等同于一篇发表在B类杂志上的文章，过了一个月又宣布说不算了，让大家无所适从。这种每年的评审标准缺乏一惯性的做法给大家增添了很多不确定性，造成心理忧虑和精力浪费。

最后是晋升有名额限制。有时两个绩效不分伯仲的教师，为了争取早一点晋升，就必须从与工作无关的方面入手，去打动有关领导。结果造成同事之间的互相倾轧，彼此充满敌意。更不要提分享最新想法，激发思维，然后一起攻克研究课题了。这样做的另一个结果是让人把注意力放在“其他”方面，形成不良风气。

分析这套制度背后的逻辑，似乎可以看出是希望通过鼓励竞争和横向比较，增加外部压力，来实现教师的科研高产。但是其现实的后果似乎适得其反。

我因此设想，假如我自己不是在华盛顿大学执教，而是在国内的大学工作，受制于这样一套制度的考核，我是否还可能有现在这样开放的心态、合作的倾向、分享的愿望以及独立的判断和人格呢？而在绩效层面，我还有可能心无旁骛地持续发表高质量的论文，著书立说吗？也就是说，把我自己比喻成那个“橘”，如果在另一个大学的制度上生长，就有可能变成了“枳”。

另一个比较典型的具有相当反差的是报销制度。我在国内的同事中，有许多申请到国家自然科学基金或者社会科学基金项目的，有的甚至达到百万元的数额。他们虽然很自豪，但是一谈起与报销有关的事宜，无不集体吐槽，并显出疲惫、无奈和厌烦的神色。细问之，才知道这些基金对其用途有极其严格的规定，比如去国外开会不能超过六天，不管这个国家离中国有多远。再比如住酒店每天的最高费用不能超过几百元，而在有的城市几乎找不到那样价位的酒店。而且报销差旅费，必须有酒店凭证，假如你住在朋友家，本可以节约住宿费，但是因为缺少住宿发票，路费也就不能报销了。又或者你本来在外国出差，距离下一个出差地点不远，可以直接飞过去，节约时间和金钱。但这样做飞机票就不能报销。所以你必须先从第一个出差地回到国内的工作地，再从那儿买往返第二个出差地的机票才可以。又比如研究基金本来可以用来聘请助理以加快研究进程，但偏偏这个经费只能购买仪器设备，不能雇人。与此同时，报销时所需要提供的材料也必须非常详尽，包括信用卡付账的账单、登机牌、住宿发票、购买各种设备的发票、打车的收据、开会注册费用的发票，等等，缺一不可。如果不小心丢失了这些票据的话，那么想要报销就不太可能了。

仔细想想这套报销制度背后的假设和逻辑，最大的特点就是对基金持有者的不信任：不相信他们会把经费用到与科研项目有密切相关之处，担心他们会无故浪费或者把经费私吞到个人腰包里。在这个前提下，设定种种考察、监督、防范机制。很显然，这些机制实施的成本非常高，不仅对于监督者如此，对于被监督者也一样。但是，更严重的是，因为制度再完善，也会存在漏洞，“聪明人”常常能够“上有政策，下有对策”，比如搜集允许报销的票据去冲账，等等，其结果是让本来不欺骗、不撒谎的人也开始用欺骗、撒谎的方式来应对。久而久之，人们对道德和不道德之间的界限越来越模糊、越来越麻木，从而导致整个社会道德水准的下降。

相反，美国高校的科研报销制度，只要是在给定的经费范围之内去开展各项与科研项目有关的问卷调查、做实验、开会、买书、聘请助手等活动，都会给你足够的自由度去操作。报销的时候有收据可以递交收据；如果收据丢失了，只需要填上费用的数目，然后写上一行字保证自己没有撒谎，并签上大名即可。很显然，这套制度背后的逻辑是充分的信任，而因为信任，不仅大大节约了操作成本，而且给予了充分的自主和自由，让人更加珍惜信任，不愿意欺骗、撒谎而毁掉信任。长此以往，正向循环，制度可以停留在宽松状态，而大家的行为则更加诚实自觉。

论述至此，我突然意识到另外一个有趣的现象，那就是制度背后的逻辑通过制度表现出来之后往往最终造就了与其逻辑相一致的行为表现，也就是所谓的“期望效应”。从鼓励合作出发制定的制度可以引导出合作的行为，而从不信任这个基点出发制定的制度也可以诱导出不道德行为。假设可以变成真实，更加提醒我们必须注重制度背后的逻辑；否则，一不小心，就会发生搬起石头砸自己脚的悲剧。

制度如水，可以载舟，亦可以覆舟。

而制度背后的逻辑，才是决定舟行舟覆的根本原因。

2016 年 11 月于美国西雅图，载于《管理视野》第 08 期

一位工程师的好奇和一家公司的名誉扫地

在世界汽车史上，恐怕没有比今年9月底面向公众曝光的德国大众汽车公司的丑闻更令人震惊的了。该公司旗下的柴油机型汽车如VW帕萨特、捷达、甲壳虫，还有奥迪品牌的车辆A3（总共1 100万辆），被检测出排放的一氧化氮严重超标5—35倍，与公司所承诺和保证的绿色环保背道而驰。丑闻一出，德国大众公司在民众心目中的形象一落千丈，其市值也受到巨大冲击，一日之内损失达150亿美元，CEO也在一周后引咎辞职，而日后的问题汽车召回还将持续很久。德国大众从此将走在赎罪的道路上。

然而，发现德国大众汽车有问题，并且坚持不懈研究到底的却是一位名不见经传的美国工程师，专业从事柴油机汽车排废气研究。他早年曾在美国的克莱斯勒汽车公司和日本的本田汽车公司工作过，2009年开始在一家很小的非营利机构ICCT（International Council for Clean Transportation）工作，其宗旨是保护环境，减少对人类健康有害的空气污染。虽然他姓German（中文的意思就是德国人）名 John（约翰），但他一开始关注大众汽车的问题不是因为自己对这家德国公司感兴趣，而是其德国同事（Peter Mock）向他提起了自己的测试结果。之后，他们又得到欧洲环保部门的报告，其中就有对大众汽车尾气测试结果的质疑。关键的可疑点在于：这些汽车在标准的欧洲测试机构检测的结果全部符合标准，但是路测的时候却远远超标。German 先生觉得好奇，但他一直对德国大众非常信任，所以就抱着学习的态度，想在美国测试一下，看看这些汽车是如何使柴油发动机的排气系统达到标准的。

因为 ICCT 是一家非营利机构，并无 German 先生所需要的各种检测设备，因此他就联系上了西弗吉尼亚大学（West Virginia University）的 Daniel Carder 教授及其研究团队，出资 5 万美元，请他们帮助完成这项研究。研究的初步结果出来的时候，大家都惊呆了，但还不敢相信。为了保证数据的准确性，该团队反复测试，最长的旅程是将测试汽车从加州的圣地亚哥开到西雅图，差不多穷尽了美国的西海岸线。结果不容置疑：德国大众在这些汽车中安装了一个电脑软件，该软件在方向盘不动、轮子旋转的时候（也就是标准的检测状态下）会自行调整给出合适的一氧化氮排放数据。那还是 2014 年春天，距今一年半以前。他们立刻写了完整的调查报告，交给美国的环境保护部门（Environmental Protection Agency，EPA），同时也把报告交给了德国大众公司的有关负责部门。他们希望该公司立刻采取行动，而且解决这个问题（在他们看来问题不难解决，花费也不高），那么他们研究的终极目标也就达到了。

EPA 收到报告后，也很快与德国大众接洽，提出解决问题的方法，并且主动提出如果对方需要任何帮助，EPA 都乐意提供。德国大众答应立刻采取措施。可是半年之后，当 EPA 再去检查德国大众在美国出售的汽车时，发现那个作假的电脑软件仍然在使用。很显然，德国大众是有意为之！这个问题实在是太严重了，出乎所有研究者和调查者的意料。一个全球大公司，竟然做如此瞒天过海、欺世盗名之事，而且在被揭穿之后还置若罔闻、欲盖弥彰，真真忍无可忍、天理难容了！

就是在这样的情况下，EPA 才最后决定将此事公之于众。其后果也许会导致这家已有八十多年历史的公司的终结和毁灭。而对于 German 先生来说，他至今都觉得此事不可思议，怎么自己突然就做了一件惊天动地的事？当然他更觉得德国大众的做法令人匪夷所思，既然别人已经逮到了你作弊，你为什么不立刻放下“屠刀”、重新做人呢？

German 先生的这两个问题都值得我们深思。作为个体，我们常常会觉得自己的弱小和微不足道，要改变世界不知从何谈起。但如果我们每个人都兢兢业业地把自己的那份工作认真完成，做到极致，说不定就撬动了改变世界的杠杆。German 先生的努力最后带来的是对整个汽车行业管理的颠覆，也是人类健康和环境保护的福音。而德国大众公司之所以会堕落至此，恐怕与其整个的公司治理结构（有强烈的政府参与色彩）及其管理哲学和理念有着深刻的联系。

一位工程师的好奇居然导致了一家大公司的名誉扫地，这个故事中的真正因果关系你看明白了吗?

2015 年 10 月于美国西雅图，载于《管理视野》第 04 期

商学院排名的秘密

最近几个月，各种大学排行榜陆续公布。其实关于商学院排名这个问题，学术界一直都有争议。比较极端的观点是，为什么商学院的好坏要由媒体的排名来确定？而商学院教授学术水平的高低要由媒体选中的学术期刊来代表？比较温和的观点是，媒体排名就让它排吧，你排你的，我做我的。在商学院里，大部分教授对排名都没多大的兴趣，也不太关心。可是，排名这个东西对大众，尤其是对学院的校友和募捐者的影响却不可低估。因此，排名这件事就常常成为院长们十分关注、既爱又恨的一件大事了。

在美国，有两个排行榜受到大家的重视，一个是 *U. S. News & Report*（《美国新闻报告》），另一个是 *Business Week*（《商业周刊》）。美国之外，也有两个排行榜被大家重视，一个是 *Financial Times*（《金融时报》），另一个是 *Economist*（《经济学人》）。虽然排名的项目林林总总，但大家最看重的要数全日制 MBA 项目了，因为这个项目的排名体现了学院的综合实力。其常用的指标包括：学院的名声（底蕴和历史）、教授的科研水平、学生入学时的 GMAT 成绩、毕业时的薪资水平、当年毕业生三个月内的就业率、已经毕业五年学生的满意度、就职的企业对学生的满意度，等等。这些指标中，大部分是客观分数，有些则比较主观（如学院声誉）。被调研的群体也多元化，比如：学院声誉是由美国几千所商学院的院长、副院长填写的；教授的研究水平看当年发表在顶尖期刊上的论文数量；在校学生和毕业学生报告的满意度，以及学生就职企业的管理人员填写的对学生工作表现的问卷，大家都可以看到。因为这些排名机构做的工作比较扎实，收集的资料比较全面，所以相对来说公信力就比较强。

我个人一直对排名的事缺乏热情，如果自己的学院排名低，当时会气馁一下，但甩甩头也就忘记了。如果排名高，当时一笑，然后了之。我们院长自己是教授出身，也从来不把排名看得太重，更不给大家压力。不过，我当了副院长之后发现，其实福斯特商学院在过去十年中排名不断上升的一个重要原因，就是院长率领相关项目主任在这些指标上下了很大的功夫。而现在回头看，整个学院的竞争力确实已与十年前不可同日而语了。这说明，排名用的这些指标在某种意义上指引并敦促了学院的努力方向。我自己是十多年前入职的，对当时的状态还记忆犹新。我对这些年的历程进行回顾和梳理，觉得排名上升除了学院造了两座崭新的大楼之外，最重要的改变其实是核心力量的增强：首先是教授的科研、教学水平，其次是学生的质量。这两项达到优质，其余的就水到渠成。而我自己感受最深的，就是教授的招聘工作。

对于大学这样的教育机构来说，人才就是最重要的资源。而人才招聘则是学院打造核心竞争力最重要的一关。我们的招聘原则很简单，只有两个：其一是候选人的科研和教学水平必须高于目前所有教授的平均水平，这样他的加入才能提高我们的总体水平。这一原则是为了预防“武大郎开店”的情况出现。其二是候选人认同并喜欢学院的文化价值观——追求卓越、团结合作、敢于创造、全球眼光。当然，这两个原则的实施有时也会受到一点挫折和挑战。记得有一年我们系里招聘的时候就出了一点状况。

那年我们的招聘职位是助理教授，但最好是已经积累了一点工作经验，比如已经在其他商学院工作了两三年、表现优秀的年轻教授。发出广告后，收到了几十份申请，精挑细选之后，我们决定邀请四位候选人前来面试。每个人的面试时间都是将近一天半，其中包括两顿晚餐、一顿早餐和一顿午餐。其余的时间候选人需要做一个学术讲座，与每一位在职教授单独面谈，与学院的领导层（院长、副院长）单独面谈，与本系的博士生集体座谈，等等。四名候选人全部面试完成之后（差不多一个月左右），全系所有教授再坐下来，一一点评、讨论，最后匿名投票，用一人一票的方式决定录用者。这个过程比较漫长，我们的投入（时间、金钱、精力）很大，当然希望能够找到最理想的人选。

在开会讨论评价四位候选人的时候，我们鼓励大家自由发言。我们系平时的氛围比较宽松，所以很快就有人开口了，接着有人发表补充意见，我们很容易就对两位候选人达成共识，认为他们不够我们的标准。另外两位候选人大家认为够格，但其中一位的硬指标（论文数量和教学评价）要比另一位更高一些。我们只有一个名额，到底应该把职位给谁呢？争论由此开始。有一位年轻教授有点忐忑地说，她对硬指标更高的那位有点负面的感觉，是因为在与他单独面谈的时候，觉得他对有些问题的回答不太真诚。另一位较年长的教授说，他似乎也有同感，因为在和他吃午餐的时候聊天，也产生了这个感觉。他们俩这么一说，让人感到这个“真诚”的问题似乎就确有其事了。可是一个人真诚与否哪里是半个小时的聊天当中可以觉察出来的呢？我当时就说，我也与该候选人一起吃了晚餐，聊了将近两个小时，但是一点也没有感觉到他“不真诚”啊，也许是我比较麻木的缘故？这时另外有人提议从其他认识该候选人的同事那儿了解更多的信息，但这需要更多的时间。这样争论了几轮之后，大家认为在当天的会上我们还是应该进行投票，把决定做出来。于是，无记名投票开始。最后唱票，结果是那个产生“真诚”争议的候选人得到了更少的选票。

这次会议结束之后，我心里觉得十分不爽，有点发堵。那是我担任系主任的第二年，之前没有遇到过类似的事件，不知道该怎么处理。有意思的是，系里另一位曾经担任过系主任的老教授和我有类似的感觉，他会后给我发邮件，说他认为今天会上的讨论内容很有问题，最后的决定被一些缺乏依据的判断影响，对那位候选人很不公平。他建议我召开一次全系的终身教授（tenured professor）大会，深入反思一下招聘中出现的问题，以防止未来再出现类似的问题。我当时感觉真是心有灵犀，立刻决定在第二天召开紧急会议，把招聘这个决策过程尽量做到避免偏差。想想我自己是研究群体决策的学者，又是世界著名决策杂志的主编，如果自己系的招聘决策都做不好，那岂不是太让人笑话了！

于是我静下心来，把理性决策的过程一步一步写出来。第一步就是确定招聘标准，标准有多个：科研能力、教学水平、合作精神、讲座质量、职位匹配，并且对每个标准进行明确的定义。然后给每个标准配以适当的权重。我把这些想法作为提案提出来，在会上进行讨论。大家非常投入，七嘴八舌，纷纷提出自己的想法和意见，最后达成共识，提出了一个预测候选人未来绩效表现的计算公式[1]：

$$未来绩效 = 10 \times 科研能力 + 8 \times 教学水平 + 5 \times 讲座质量 + 8 \times 合作精神 + 6 \times 职位匹配$$

[1] 公式中每一项的分值为1—10分，该公式的最高分应为370分。得分越接近370分，越应该被录用。

此后，大家再从招聘程序着手，把每一个步骤中需要多加注意的细节写出来，而且在每次招聘中都要执行，总共用十个步骤来保证招聘的系统性、包容性、透明度和公正性。其中我们特别强调，在做出关于合作精神和真诚与否的判断时，必须提供足够可靠的证据才行。此外，为了避免决策程序造成的偏差，我们不再进行自由发言，而是每个人都必须发言，发言的顺序从资历最浅的开始，以保证每个人都得到发表意见的机会，畅所欲言，同时避免“领导定调”的现象。投票是一人一票制，如果意见不统一，采用三分之二多数决策原则（不只是简单的少数服从多数）做出最后的决定。

会后我把这些程序细则和预测公式写成文件，发给全系教师进行评议，在大家一致通过之后形成决议，以此指导我系未来的教授招聘。

招聘的标准化过程确定之后至今，我们系总共招聘了十位年轻教授，已占到全系总数的二分之一。而这十位年轻教授的科研水平和教学水平都属一流，有两位已经被破格提升，其余的也应该在不久的将来晋升到终身教授的行列。而在此前的若干年中，招进来的教授中有一半以上无法达到我们的晋升标准，只能无奈离开。那样的结局其实令大家都不愉快。

与我们系相似，学院其他系的招聘工作在过去十年中也有长足的进步。现在在整个学院，我们有 40% 以上的教授担任世界顶级学术期刊的主编、副主编或编委的职务，科研竞争力非同小可。难怪今年在《金融时报》排行榜上，出乎我们自己的预料，福斯特商学院在科研成果一项上竟然被评为全球第七名！

尽管我对排名之事还是不那么以为然，但是用排名作为动力，来促进学院各方面的建设，尤其是师资队伍科研力量的增强，我觉得还是相当可取的。这与国内的商学院通过得到国际认证这个过程来规范化各方面的管理，企业通过上市这个过程来建立各项完善的制度，从而真正具备进一步长远发展的底蕴，应该是同样的道理吧。

2017 年 3 月于英国剑桥大学商学院，载于《管理视野》第 09 期

迪拜的商业模式：无中生有

道生一，一生二，二生三，三生万物。

——《道德经·第四十二章》

故道大，天大，地大，人亦大。域中有四大，而人居其一焉。人法地，地法天，天法道，道法自然。

——《道德经·第二十五章》

今年年初我和一群美国大学教授同事一起在迪拜住了五天，分别走访了那儿的企业、大学、美国领事馆、购物中心、世界第一高楼，以及附近的沙漠和文化古迹，感觉好像到了一个巨型的拉斯维加斯，抑或是超大的迪士尼乐园，每天都为眼前的现代化城市奇迹所震撼。回到西雅图之后，当时种种的震撼感觉慢慢沉淀、汇聚，突然领悟到迪拜之商业模式的要旨，那就是四个字：无中生有。

迪拜这个城市在40年前还不存在，而如今已经成为世界上最摩登，最商业化，拥有最多地标性建筑、奢华酒店、商场、娱乐场所、豪华机场和最繁忙空港，每天迎接最多外国游客的城市。最直接反映其无中生有特点的就是那些人造海岛、人造海岸线、人造沙滩、人造运河，然后又在这些人造的土地上种树种草种花、建造高楼大厦。那个著名的棕榈树型的人造岛屿是国王设想出来的能够扩展海岸线的最佳、最美的方案，就这样把迪拜原本只有 47 公里的海岸线增加了一倍多。那些建造在“棕榈”叶片上的每一座房子于是都有了无敌的海景，成为全世界富有购买者的抢手货。据说四年前购买的海景房到今天价格已经翻了一番（可以和中国城市房价的疯狂媲美），而且还有持续增长的趋势。为了使本土与这座人造岛屿的连接更方便，除了渡轮，还建造了地下隧道和空中轻轨。我们本来要坐渡轮上岛，但那天居然罕见地下起雨来，于是就坐了轻轨和隧道。看到这个人造岛屿上那些已经建成的和正在建造的巨型五星级酒店及居民别墅，只能惊叹。在这里，我们不禁产生了一种错觉，那就是人类似乎是无所不能的，可以逆天、逆地、逆海，建造出任何我们想要的东西！

迪拜是一个真假难辨的城市。从机场出来，发现道路两边棕榈树林立，绿草如茵，花团锦簇，差点以为是到了一个亚热带雨林地区，而不是终年降雨量不足八毫米的沙漠。仔细观察，才发现每一棵树和每一排花的下面，都铺着黑色的橡皮管，那是人造的灌溉系统。众所周知，迪拜的购物商场闻名于世，其中的一个特色就是“假戏真做”，比如故意把新东西做成旧模样，或者把原本不存在的做成真实的存在。比如有一个购物商场被称为“Ibn Battuta”——是比马可·波罗还更早周游世界的摩洛哥旅行家。这个购物商场里面就容纳了六个国家的文化风景。比如走进波斯文化风格的空间，就会发现里面所有的墙面、天顶、地面都充满了波斯风格的图案、装饰、设计，其精细和真切的程度不亚于美术馆中的展出，可以看出是付出了心血的杰作。再比如走进中国文化风格的空间，就看见铺天盖地的中国红，那些灯笼、那些墙瓦，还有那个郑和下西洋时用的巨型木船，都栩栩如生地出现在眼前，好像真的到了中国一样。在有些空间，他们还在房顶的天花板上画上蓝天白云，让人感觉这里永远是晴天，好像在室外一样。还有一个购物商场里面建了全世界最大、最长的一个室内滑雪场（要知道迪拜一年的平均气温是 30 摄氏度），其滑道之壮观从商场的外面老远就可以看见。有一天，我们去了一个被当地人称为 SOUK 的场所去吃午餐，看到那些充满中东文化风情的古色古香的建筑、门窗、装饰，我差一点以为此地有悠久的历史，赶紧拍照留念，后来才得知一切都是仿制的。一出门，又看见巨大的金字塔形的建筑，上面刻满了古埃及的人像和器物，非常逼真，就像原迹一般。不过此时我已有免疫能力，确信只是赝品而已。

很显然，迪拜是一个依赖现代高科技才能存在的城市，这也是 40 年前它不可能存在的原因，因为那时的填海造地技术、发电供电技术、通信技术、互联网技术、灌溉技术、污水处理技术、造楼技术以及全球经济一体化的状态都还没有发展到可以支撑一个如此现代化城市诞生的程度。迪拜自己其实没有什么高科技人才，也没有什么高科技公司。他们采取的就是“借来主义或者买来主义”。就说填海建岛这件事，如果不是依靠德国公司的技术和德国工程师的帮助，是根本不可能完成的。再说空港的运营管理技术，如果没有今天这么发达的互联网系统、信息系统、飞行设施，每天几十万人的流量还能一切都井然有序，也是无法想象的。我们参观阿联酋航空公司（Emirates Airlines）的时候看到机场专门设置了一个供航空人员离境、入境的大厅，这个大厅的所有安检设施与乘客大厅都一样，只是多了一道上工打卡验证身份以及显示工作时间和地点的程序。试想一下，每天出入这个大厅的航空工作人员就有四千五百多人！每个人进入大厅插入自己的工卡时，所有有关此人的信息（包括报到时间、分配到的航班班次、登机口、机长的名字，或者航班变化的情况，等等）即刻得到检验和显示。甚至此人如果目前有欠账、犯罪记录的话，信息也会立刻显示出来，通行门就打不开，这个人就不得入内，管理人员会随之出来调查情况，帮助解决问题。如此严密互联的系统，就是在10年前恐怕也只是天方夜谭而已。

迪拜还创造了“城中城”来巩固高科技的存在。这些城中城包括“互联网城”(internet city)，其中聚集了来自全世界多个国家的互联网公司，如微软、甲骨文、IBM。还有“传媒城”（media city），聚集了CNN、BBC、CNBC、Forbes、MBC、Reuters、Showtime、Sony等一千多家媒体机构。另外还有“影视城”（studio city），提供各种与电影制作、电视制作、音乐制作相关的基础设施、设备以及演艺人员储备；据说最新拍的《星球大战》就是在这儿取的外景。目前还在打造全球“娱乐中心”（entertainment center），准备建造多种大型乐园；此外，还要建造全球最大的“建材中心”（building material center）。

迪拜这个无中生有的城市最令我震惊的一点就是，这个城市的总人口中有80%是外国人！也就是说，这是一个靠外国人（包括旅游者和打工者）支撑的城市。迪拜的本地人口根本不足以支撑目前的经济状态。他们需要外国人来打工，也需要外国人来消费才能持续发展。在我们参观的多家公司里，我们发现从高管到基层工作人员，基本上都来自迪拜之外。公司里面使用的语言基本就是英语，而公司的运作理念基本就是西方公司的翻版，讲效率也讲人性，善待员工。这也许就是全世界有这么多人愿意背井离乡来到迪拜工作的原因。我们的导游是印度人，来迪拜工作已有10年，但完全不会说阿拉伯语。带我们参观航空公司的莉莎是意大利人，已经在公司工作了20年，从空姐开始，后来转到管理岗位。她说她喜欢在这里工作，因为公司发展得非常快，从10年前的1 000名员工发展到今天的2.2万名员工，自己的成长也很快，公司待遇好，包吃包住，工资在全球同行业中也有相当的竞争力。但是，她从来不觉得自己是迪拜人，她每年都会带自己的孩子回意大利四次，让他们记住自己的文化根源。外国旅游者喜欢来迪拜，则是因为这里的生活方式和消费主义。迪拜这个城市里面居然有250家五星级以上的酒店，入住率在80%左右，而且还在不断建造新的。我们所到之处，那些造楼的脚手架随处可见。而那家帆船形状的标志性建筑——七星级酒店，在我们访问期间居然客满！迪拜人的口号是："只要我们造好了，就一定会有人来住！"（If we build it, people will come!）但我倒是有点担心它的持续发展能力呢。

迪拜无疑是伊斯兰世界的一个奇迹。阿拉伯国家大多因石油而富有，但这些财富常常只被少数家族和个人占有。国王经常就是那个富裕家族的成员。如何分配和使用这些财富，就显示出国王和政府的智慧与眼界。20世纪70年代末期的迪拜酋长国第九任酋长谢赫·马克图姆·本·拉希德·阿勒马克图姆，相对来说就有一个与其他阿拉伯国家不同的梦想，那就是把这个名不见经传的迪拜放在世界的版图上，让全世界对它刮目相看。他愿意拿出钱来支持这个梦想，并让自己的国民成为这个梦想的受益者，那就是，把国家开放给全世界，按照全世界认同的经济法则办事，吸引全球的居民来迪拜工作、生活、旅游。同时，凡是迪拜的国民，都享受免费住房、免费医疗、免费教育的待遇，而且没有一分税收。显然，迪拜是一个在仁慈极权主义下有卓越表现的酋长国。仁慈体现在对国民的政策上；极权则体现在国王的决策上，基本一人拍板，而且不允许政治异见者的存在。国王坦承自己是受到新加坡模式的启迪而这样做的，而这个模式在老国王去世后被延续下来，似乎也有令人鼓舞的地方。

迪拜，这个意欲成为全世界人民共同狂欢的世外乐园，在人类历史上也许只是昙花一现，也许能够聚沙成塔、持久存在，其中存在太多的变数。我在心里为它祈祷，希望这朵伊斯兰世界的奇葩，这个帮助我们窥视人类文明未来的雏形，可以有一席生存之地。

2016 年 2 月于美国西雅图，载于《管理视野》第 05 期

跨越现实与理想之间的藩篱：想象力

“理想丰满，现实骨感”是很多人对今天生活的感叹。为了能够短暂逃离现实，我们读小说、看电影、玩动漫、打游戏，让自己走进别人的故事里，或者遁入虚拟的时空中，去体验不同的角色和生活方式，扮演并实现自己理想中的形象。比如荡气回肠的英雄，柔情万种的美人，刀枪不入的勇士，呼风唤雨的天神，飞檐走壁的侠士……与此同时，对现实的种种妥协和不满，也可以通过在虚拟世界中扮演的多种角色得以纾解，从而更有勇气直面人生，提升幸福感。这可能是“二次元”产品在年轻一代中如此热门的一个原因。

把类似的理念植入工作场景中，能够发现相似的功效。比如让员工自封职务头衔，就是一种有意思的尝试。不是千篇一律的“前台接待员”，而是“第一印象总监”；不是“公关部经理”，而是“企业说书人”；让员工自己定义工作的内涵，并给自己的职位起名字，在某种意义上其实符合他们试图逃离现实、扮演某种角色的愿望。在这一点上，迪士尼可以算是先行者。迪士尼有一整套语言系统，把员工称为“演员”，人事处叫“演艺中心”，制服是“戏装”，岗位描述是“剧本”，上班就是在“舞台”上表演，休息则是在“台下”。每个人不论职位高低、岗位贵贱，大家都是平等的，只是在扮演不同的角色而已。在这样的氛围中工作，突然使人产生妙趣横生的感觉，即使枯燥的工作比如打扫卫生，也可以变得新鲜有趣。结果员工感觉自我价值和意义提高了，与同事交往的心理安全感更强了，情绪疲惫和焦虑感下降了。

而要创造能让我们着迷、流连忘返的虚拟世界，不论是以小说的方式，还是通过影视、动漫、游戏的技术，都需要具有超凡的想象力。英国诗人、哲学家塞缪尔·柯勒律治（Samuel Coleridge）曾经把想象力定义为“让灵魂摆脱客观事实的禁锢而获得自由的能力”。从这个角度来看，越是在思想上不受限制、桀骜不驯的人想象力可能越强。上升到社会层面，越是不主张思想统一的社会越可能出现思想自由人士，这些社会中产生具有想象力的文学、艺术和科技产品的可能性就越大。

相反，越是受到思想和行为禁锢的人越渴望逃离现实，因此处在禁锢繁多的社会中，虚拟时空对个体的吸引力就越大，喜欢充满想象力的二次元世界的人也就越多。令人遗憾的是，在那种社会中生活的人常常不容易获得想象力。这个悖论如何解开，也许需要许多方面的改变和努力。可喜的是，我们发现中国有不少企业家具备把梦想变成现实的能力，比如协鑫集团的创始人、被业界人士称为“电王”的朱共山先生，就在过去的十多年间，把用清洁能源发电的理想逐渐变成现实的存在。而在艺术领域，肖全先生则通过拍摄记录20世纪80年代诗人的影像来追回那个充满理想和青春的时代。

二次元可以是未来，也可以是过去。哪一天人们可以期盼现实和理想的重合呢？

2016年9月于美国西雅图，载于《管理视野》第07期（卷首语）

实现中国创造的前提

从中国制造过渡到中国创造，其中的大部分责任将落到中国企业的肩上。而中国企业要能够不断创新，就必须依靠其员工的创造力。在科学研究中，创造力（creativity）和创新（innovation）被定义成两个不同的概念。前者指个体产生有用的奇思妙想（novel and useful ideas）的能力；后者则指这些奇思妙想变成了现实，产生了新颖的产品和服务。我们把连接二者的个体称为创客。但要谈企业创新，员工个体的创造力就成为其必要条件。那就是：个体有创造力不等于组织就能创新，但是没有个体的创造力组织肯定不能创新。

这就把激发员工创造力当作组织创新应该关注的焦点了。大量的实证研究表明，让员工体会到完全的身心自由，是促进其创造力的关键。在越来越多的以创新为主要竞争优势的企业中，对员工思想和行为的管理似乎存在越来越松懈的倾向。比如，谷歌明文规定员工必须把 20% 的工作时间花在与工作无关的个人兴趣上，如旅行、摄影、攀岩等。除了这项明文规定，公司基本没有其他行为准则。个人可以选择任何时候上下班，蓬头垢面光脚出现在公司也没关系，当然也可以带着宠物。因为公司认为在没有资源束缚、思想完全自由的状态下，员工更可能产生灵感和创意。而灵感和创意与别的东西不一样，不是你越努力、越守规矩就越能产生的，也不是外在压力越大就越能压出来的。

思想和行为自由的结果，与“人无压力轻飘飘”的假设相反，造就的是员工对自己工作的自主性以及发自内心的热爱和激情。处于激情状态的个体，会把自己的所思所想、喜怒哀乐全部倾注到工作中，对解不开的谜团进行深入的思考和探索，不屈不挠，从而在山重水复疑无路的时候，出现柳暗花明又一村的转机。因此，在自由、激情、创意之间，存在这样的因果关系。

再来看谷歌对员工的（不）管理境界，就会明白其内在逻辑。在这样的公司里工作，人们关注的不是你的外表、头衔、地位，或者你的性格、说话方式，更重视的是你思想的新意和质量，你思维的缜密和逻辑，或者解决问题能否另辟蹊径。在这里，一切束缚、一切与实质无关的表面文章统统不再重要。在这样的环境中工作，人们全身心地投入，不断萌生创意、才华横溢。

哪一天中国企业的管理方式更接近谷歌，给予员工充分的身心自由和工作自主，而不是长长短短一大堆规章制度、条条框框，这个不能想，那个不能说，而且需要成天加班加点的时候，实现中国创造的梦想就有希望了。

2015 年 6 月于美国西雅图，载于《管理视野》第 02 期（卷首语）

中国管理三十年

就在距离我家不到十公里的微软公司，第一次正式访美的中国主席习近平刚刚和全球互联网企业的大佬们举行了论坛，探讨中美互联网企业的未来合作和走向。前来参加论坛的有美国企业的风云人物，如蒂姆·库克（苹果）、杰夫·贝佐斯（亚马逊）、马克·扎克伯格（脸书）、约翰·钱伯斯（思科），也有在中国叱咤风云的人物，如马云（阿里巴巴）、马化腾（腾讯）、张朝阳（搜狐）、李彦宏（百度）。这幅图景如果要我在三十年前充分发挥想象力的话，也是无论如何都难以想到的。那时，中国的经济刚走出濒临崩溃的边缘，电脑在大学的计算机系才刚刚出现，而互联网这个名词尚未诞生。三十年，虽然在历史的长河中只是弹指一挥间，但这个世界的经济格局却已然不同。中国不但已经成为全球第二大经济体，中国企业的实力和市值也可以与美国企业一决高下。

造成中国经济和中国企业突飞猛进发展的原因除了国家的宏观政策之外，另外一个不容忽视的贡献者就是创办企业的企业家和经营企业的管理者。从不知企业为何物到成为新型企业和商业模式的创建者，这背后除了企业家和管理者本人的摸索学习之外，其实中国大学的商学院也担任了重要的角色，绝对功不可没。从首个工商管理硕士项目的诞生到今天，中国大学的商学院已经培养了千千万万个职业经理人以及相当数量的企业领袖，为中国企业走上国际舞台做好了铺垫和准备，复旦大学管理学院就是这些中国大学商学院中具有代表意义的一个。与此同步进行的是商学院对管理研究人才的培养，并通过他们，把中国企业飞速发展的实践抽象至理论和经得起检验的知识，与全球的管理学者和商业实践者共享，为全世界的管理知识库贡献养分。

而在这一点上，中国管理研究国际学会（IACMR）则立下了汗马功劳。IACMR 于 2002 年在美国成立，到今天已经有来自全世界 50 多个国家和地区的 6 500 多名会员，全部专注于对中国企业、企业管理者和企业员工的研究。该学会与中国众多大学的商学院合作，贡献自己会员的专长，帮助各管理学院的教师、博士生成为具有世界眼光和研究水平的学者。如果我们检索一下在全球顶尖管理学期刊上发表的论文，就会发现中国学者的数量在逐年增加，而这些学者在相当大的程度上都与 IACMR 有着千丝万缕的联系。

当然，就在我们为中国过去三十年的巨大进步感到骄傲的时候，仍然能看到中国的企业与全球一流企业、中国的大学与全球一流大学之间的长远距离。而我们在三十周年这个时间点上进行反思，是为下一个三十年取得更辉煌的成就积累底气。

2015 年 9 月于美国西雅图，载于《管理视野》第 03 期（卷首语）

公司的品德、创新与自然垄断

在谈论个体的时候，我们常常会说到一个人人品的好坏。人品指的是一个人的道德品质，主要表现在两个方面。首先是诚实守信，说到做到。人品好的人有自知之明，对自己、对别人都诚实相待。他们一般不信口开河，也不随意许诺。但是他们一旦答应，一定会全力以赴，兑现承诺。其次是自律性强，他们在没有任何外在监督的情况下，也能够自觉遵守条约。即使发现有漏洞可钻、有油水可捞、有美色可贪，而且在就是钻了、捞了、贪了也不会被发现的情况下，依然可以心无旁骛地承担自己应尽的责任，不钻漏洞、不捞油水、不贪美色。因此，我们尊重、信任人品好的人，即使哪一天他们在职场上变成了我们的对手，我们仍然对他们的人品深信不疑，愿意与他们展开较量。

把人品的概念上升到公司层面，就成了公司的品德。一个公司的品德好坏可以从多方面体现，但最主要的恐怕要数公司的诚信以及对消费者是否承担责任了。而这在公司发生危机的时候最容易体现出来。比如一家连锁餐馆，突然出现了几例顾客用餐后腹泻的现象，公司是立刻真诚道歉，然后关闭本地所有的餐馆，全面检查，承受巨大的经济损失，还是只让出了问题的餐馆停业，如果几天内检查不出问题就继续开张？再比如一家汽车制造厂，有几辆汽车的安全带出了故障，公司是立刻召回全部同类型汽车的安全带，还是只修复已经出了故障的汽车安全带？再比如一家互联网公司，发现有商家在网站上出售伪劣产品，公司是立即向购买者道歉并补偿所有损失，还是将责任推诿给卖主或其他人来表明自己的清白？我们可以清楚地看见，做出前一种选择的是品德好的公司，而做出后一种选择的是品德坏的公司。公司的品德是消费者信任的基础：这是我们信任特斯拉，而不太信任通用汽车，更不信任大众汽车的原因；这也是我们信任亚马逊，而不那么信任淘宝的原因。

有意思的是，品德好的公司常常在创新上也独树一帜。也许是因为品德好的公司不靠投机取巧、走捷径取胜，反而更专注于通过不断创新给消费者带来物美价廉的产品和服务，赢得自己在市场上的竞争地位。创新可以包括多个层面，比如技术的升级优化、资源的整合配置、管理流程的改进、营销渠道的拓展和缩短，等等。这样的公司到后来就可能达到自然垄断（natural monopoly）的状态，即在一个行业中能够长期以最高效率、最低成本的方式生产产品和服务以至于其他公司都无法与其竞争。很显然，自然垄断有别于人为垄断（artificial monopoly），人为垄断是由政府许可的垄断，比如中国的电信行业。在这个意义上，能够达到自然垄断并且保持自然垄断地位的公司应该是那些品德良好而且创新不断的公司，比如发明 QQ 和微信的腾讯。虽然在达到自然垄断前资本的力量会起到一些作用，但是如果公司的品德不端、失去消费者的信任，或者停止创新、无法保持最高效率的运作，那么它们迟早会被那些品德更好、创新更多的公司取代。

2015 年 12 月于美国西雅图，载于《管理视野》第 04 期（卷首语）

恐惧，以及内容的缺失

根据心理学的定义，恐惧是人们对自己的身体处于真实或想象的危险境地时所产生的一种保护自我的情绪反应。造成恐惧的原因不胜枚举：在企业层面，日新月异的科技发展，不断延伸的全球供应网，层出不穷的崭新的竞争对手和产品，对原本在市场上占有相当份额的企业都会构成威胁。在个体层面，高不可攀的任务指标，上级凌厉的眼神、辱骂甚至可能的打击迫害，或者同事的嘲讽、背离、争斗，都会对自己的成长和职业发展造成压力与挑战。

处于恐惧中的企业和个体，可以有两种选择：一种是在恐惧中灭亡；另一种是滋生战胜恐惧的勇气，重新塑造环境，塑造自己，从而走向辉煌。

很显然，没有人愿意作第一种选择，但遗憾的是，我们往往在不自知的情况下，掉进了那个走向灭亡的陷阱。比如，当年的诺基亚手机在面临苹果的 iPhone 的挑战时，高管层因有恐惧心理而不敢直面，一味地把自己体验到的压力和恐惧传染给中层管理人员，使他们不敢怠慢、不敢报忧、不敢说不。高管的“惧外”变成中层管理者的“惧上”，共同的恐惧使得诺基亚错过可以抗衡 iPhone 的最好时机，最后几乎全军覆没。再比如，有些企业领导喜欢采取的立威举动，诸如强调个人的绝对权威，并对下属进行严密控制，贬损下属的能力等，也常常引发下属的恐惧感。此外，假如团队成员没有心理安全感，通常也不敢知无不言，从而导致团队死水一潭，毫无创意。

但是，在同样恶劣的竞争环境下，也有企业和个体敢于直面恐惧，勇敢挑战现状。小米手机及其互联网生态系统的搭建开启了崭新的商业模式，晨光文具依靠所有权机制激发了千千万万个小老板的共赢热情，以及北京一千零一夜文化集团引入英国话剧《战马》的整套运作规程来学习并建立在中国运营艺术作品的商业实践，都是绝佳的例子。

不过有意思的是，无论是小米的雷军、一千零一夜文化集团的李东，还是目前来势汹汹的虚拟现实技术（VR）和增强现实技术（AR）领域的前沿人士，对自己行业发展最担忧的不是资金、技术，而是内容。内容就是有质量的故事。就我个人的观察，在神州大地上每天都上演着无数精彩绝伦的故事，也不缺才华横溢的写手和演艺人员，之所以写不出来、演不出来，或许与内心的恐惧感不无关系。这里的恐惧在于思想和观念上的束缚以及习惯性的自我审查，生怕跨越雷池或踩到禁区而遭受惩罚。久而久之，就失去了表达真实、触及灵魂的能力，其显性后果就是内容的缺失。

哪一天没有雷池，思想的禁区也不存在的时候，人们的心理恐惧才可能消失。到那时，对于内容缺失的担忧将成为天方夜谭。

2016 年 4 月于美国西雅图

读书：知史识人

南美出现的第一块冰与迪拜的繁荣有什么关系?

在思考是什么让我们走进现代社会时，我们常常将其归结于那些科学和政治的伟大先知，或者惊天动地的发明创造，以及大规模的集体运动。其实我们的历史中蕴藏着一层相当物质的元素。物质的历史，从历史由物质构成的角度来看，与社会运动和经济体系有着不可分割的联系。

——斯蒂芬·约翰逊

有一些事物之间的联系，不跳出当前的时空，不进行交错综合的思考，就不容易看见。比如说以下这些看似毫无关系的物质和现象:

印刷品的出现和眼镜的流行有什么关系?

镜子的发明和文艺复兴的产生有什么联系?

氯化物的发现和妇女解放运动有联系吗?

钟表的发明与现代工业社会的诞生有什么瓜葛?

南美出现的第一块冰与今天迪拜的繁荣之间有什么关系？
闪光灯的发明与城市贫民窟的消减难道也有关联吗？

在《人类何以有今天——铸造现代社会的六个发明》一书中，作者带着穿越时空的眼光，将人类社会在过去150年中看起来不起眼，甚至在今天看来再平常不过的六个物质发明娓娓道来，对以上问题做出了详细的解答。作者在每一个回答中都采用了独特的历史视角和故事人物，而其文笔和逻辑又是如此清晰流畅，让我一拿上就爱不释手，直到在飞机上全部看完还觉得余味无穷。

《人类何以有今天——铸造现代社会的六个发明》这本书共有六个章节，对应讲述人类的六大发明：玻璃（glass），制冷（cold），音响（sound），清水（clean），时间（time），光亮（light）。在每一章的开头，作者都从一个历史故事切入，然后引出该项发明进化的整个历程，直到今天的状态。比如第二章制冷，就是从波士顿商人图德（Tudor）在1805年把新英格兰冬湖里的冰块用船装运到西印度群岛和南美洲去出售开始的。这个故事在今天听来如同天方夜谭，把冰块运到终年炎热的南美洲出售，其中有技术问题，有文化习俗问题，也有经营问题。图德当时的灵感来自自己在加勒比海探险时的体验，那么闷热难挨，容易得病，因此他觉得生活在热带地区的人一定会喜欢冰块，因为冰块可以用来消暑、降温。不出他所料的是，第一次见到冰块的南美人根本不知其为何物。读过小说《百年孤独》的读者都应该记得小说开篇说的就是主人公清晰记得自己小时候父亲带他去看冰的情景，“他们看着那么大一块晶莹透明的东西都惊呆了，壮胆去摸了一下，感觉十分烫手，似乎有神力，立刻就把手缩了回来”。

图德的第一次运冰举动彻底失败，损失惨重。但是，他不气馁，连续 15 年不屈不挠，在穷尽了自己的所有积蓄，由于债务锒铛入狱，倾家荡产之后，终于迎来了盈利的这一天。此后需要冰快、使用冰块的顾客越来越多，造就了许多以卖冰为生的百万富翁。而这背后的商机，终于引发了制冰、制冷技术的突破。随着制造成本的降低，冰箱、冰柜变成主流的制冷用具，以致后来导致卖冰行业的彻底消失，而那其实还只是一百多年前的事而已。

那么制冷技术和迪拜的繁荣又有什么关系呢？想象一下没有冰箱和空调的年代，那些自然环境不适合人类居住的地方应当非高温沙漠地带莫属了。美国的凤凰城、拉斯维加斯和中东的迪拜就属于不宜居住的地区。但从近几十年来这些地区人口的变化就可以看出制冷技术的力量：制冷技术的进步导致人口的迁移，全世界人口增长最快的巨型城市都在热带，如曼谷、马尼拉、雅加达、卡拉奇、迪拜、里约热内卢。预计这些城市到 2025 年将新增 10 亿人口。这是一个典型的由物质引起社会形态变化的例子。

而这样的例子在作者看来比比皆是。氯化物的发明消除了水中的细菌，为人类的健康做出了巨大的贡献，这似乎是众所周知的事。可是，氯化物的使用导致公共泳池的诞生，而女性的游泳衣从全身包裹状演化成后来的三点式，在女性追求解放的运动中又起到了多大的推进作用，似乎从没有人解读过。当然，最奇妙的要数玻璃了。从 1291 年第一批玻璃制造师在威尼斯开始规模化制造玻璃，到后来眼镜镜片的发明，再到显微镜和望远镜的出现，使人类既能看见最微小的细胞和细菌，又能看到地球之外的星星，对了解世界和宇宙起到了重要作用。而之后镜子的发明，又让人类对自身产生了极大的兴趣。喜欢对镜自画的伦勃朗之所以成为文艺复兴时期的典范，与镜子带给他对自身的认识和反省应该有不可低估的作用。再到后来玻璃变成屏幕，成为电视机、电脑、手机等不可或缺的部件；而对于玻璃之力量的发现，又使其成为人类建筑的重要承载体，让今天城市的摩天大楼拔地而起，延展生活和工作空间，并使我们的居住环境更与自然融为一体。在作者笔下，玻璃这个物质给人类社会带来的影响既深远又广阔，仔细想来，确实超出我曾经的想象。

由于物质的发明导致社会形态变化的这种效应被作者称为“蜂鸟效应”（the hummingbird effect）。蜂鸟之所以能够让自己的一个翅膀向上飞，另一个翅膀向下飞，而使自己的身体在空中平衡不动，是因为它需要用自己的长嘴去吸取花蕊中的蜜。换言之，是花蕊的结构导致了蜂鸟奇妙的飞行方式。初一看，二者之间没有关系，但仔细琢磨，它们的联系就昭然若揭了。

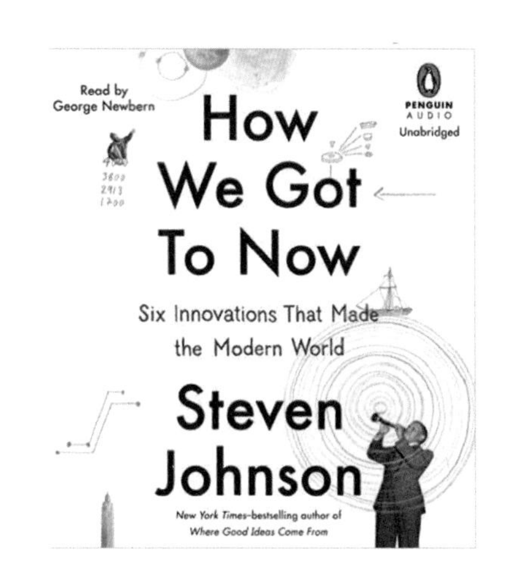

作者观察这六大发明的另一个特点是其“长焦视野”(long zoom perspective)，即通过纵向纹路，来确定一个物质发明对人类走到今天的贡献和意义。这本书中有许许多多极有意思的历史故事，还有很多珍贵的图片，足可见作者在写这本书时作为研究者的谨慎和功力。

本文开头还有几个问题的答案我就不在此透露了，等你读完这本书，不仅会知道答案，而且一定会对这个世界产生新的见解，并对今天我们拥有的东西产生新的体验！

2015 年 7 月于雅加达机场，载于《管理视野》第 04 期

经典管理理论是怎样炼成的?

没有比一个好的理论更实用的东西了。

——科特 · 卢温

一个好的理论不仅能够解释并预测现象，而且能够启迪人心。

—— 卡尔 · 维克

在过去的半个世纪里，人类的经济发展速度超过之前几个世纪的总和。与之相对应地，社会制度的变迁和组织形态的变化、科技的发展更新、企业成长壮大的速度可能也是最快的。有趣的是，作为研究组织和组织中人的管理学者，我们发现如今在管理学领域中耳熟能详的经典理论大多起源于过去半个世纪的早期(1960—1990)。那是一个管理学作为一门独立学科刚刚诞生、发展的时代，也是一个英雄辈出的时代。而这些理论日后不仅成为管理学者所依赖的研究基础，也成为解释实际管理现象并指导管理实践的重要依据。在这个意义上，这些管理理论也许是促进企业运作不断发展、进步，从而使整个人类经济不断全球化、不断提高效率的幕后英雄。

可是这些经典理论是怎样产生的呢?《管理学中的伟大思想——经典理论的开发历程》要回答的就是这个重大的问题。该书的编纂者肯·史密斯（Ken Smith）和迈克尔·希特（Michael Hitt）两位教授带着这个问题，邀请经典管理理论的原创者，如提出社会认知理论的艾伯特·班杜拉（Albert Bandura）、目标理论的埃德·洛克（Ed Locke）、高阶理论的唐纳德·汉布里克（Donald Hambrick）、心理契约理论的丹尼斯·卢梭（Denise Rousseau）、非理性承诺升级理论的巴里·斯托（Barry Staw）、资源基础理论的杰伊·巴尼（Jay Barney）、战略五力理论的迈克尔·波特（Michael Porter）、交换成本经济学理论的奥利弗·威廉姆森（Oliver Williamson）、体制/制度理论的理查德·斯科特（Richard Scott），等等，进行回忆，并娓娓道出自己提出理论、检验理论、完善理论的历程和故事，为未来的管理学者和实践者描述了真实的理论创造路径。

有意思的是，阅读这些理论创造背后的故事，似乎比理论本身更有味道。首先，这些故事被讲述者描绘得栩栩如生，仿佛和我们的距离很近，触手可及。其次，这些故事中的每一个都很独特，有强烈的个人和时代色彩，因此读起来总觉新鲜，没有乏味之感。再次，因为我们已经熟悉这些理论，而且它们的提出者的大名也如雷贯耳，现在从书中发现他们的一些“隐私”以及出名之前的状态，一方面觉得理论本身更为亲切，另一方面对自己未来成为理论家也更充满希望。最后，在读完所有故事、掩卷遐思、抽丝剥茧之后，又发现理论的诞生和发展其实还是存在相当多的共同之处的，因此感觉醍醐灌顶、豁然开朗。

比如，在班杜拉叙述自己的社会认知理论（social cognitive theory）之来龙去脉的一章里，他首先指出该理论的核心在于强调人的主观能动性：人是可以通过观察、模仿习得知识、技能和行为的。这个理论现在看来平淡无奇，而且我个人几乎对该理论中的“自我效能”（self-efficacy）概念的泛滥运用心生厌倦。可是在 20 世纪 60 年代，正是行为主义理论和控制理论盛行之时。这两个理论强调外在环境的强化机制对人的行为的影响，并且认为研究人必须观察刺激与反应之间的关系，而且人脑就像电脑一样，只要研究输入与输出之间的关系就行了。在那个时代背景下，提出个体存在主观能动作用（human agency）几乎是冒天下之大不韪的事，需要相当的勇气。班杜拉能够在那样的背景下提出这一理论，并且通过各种实证方法提供确凿无误的证据，是因为他个人的成长和生活经历告诉他，如果个体没有主观能动性，就不可能有他自己的存在。

班杜拉出生在加拿大一个偏远的农村，那里师资严重匮乏，一个中学只有两名教师。学生因此就需要通过自学去掌握课程内容。班杜拉的父母重视教育，就让他暑期出去打工赚钱，积攒上大学需要的学费。有一个暑假他去了一个家具公司，学会了一些手工技能。另一个暑假他去了修复阿拉斯加高速公路的一个基地，整天与之相伴的都是一些形迹不端的逃债者或受了处分的官员和军人。这些人在业余时间从不读书，不是赌博就是酗酒。他回忆说，如果是环境造就个体的话，那么他无疑也将成为其中的一员。但事实并非如此，因为有两个重要原因：第一，他自己痛恨那样的生活，总是寻找逃离的途径；第二，在任何生活的日常/正常轨迹中，总会有偶然事件的出现，这些偏离常态的偶然事件其实就是机遇，而机遇总是光顾那些有准备的人。班杜拉认为正是那样的生活经历，才使他对人生的了解更为全面，也更坚定了他摆脱那种生活的信念。他之后去了不列颠哥伦比亚大学读书，后来又进入爱荷华大学攻读博士学位。完成博士学业后，就去了斯坦福大学从教至今。

他因此提出社会环境与人之关系的三种形态：第一种是人被环境控制（imposed)，第二种是人可以选择环境（selected)，第三种是人去创造环境（created)。很显然，这三种形态的转变就是一个人的主观能动性不断显现的过程。社会认知理论中的几个要素其实体现的就是这些状态的转变机理：从模仿他人（social modeling）开始，这个模仿甚至可能包括语言的模仿（verbal modeling）和思维方式的模仿（cognitive modeling)，其后果是被环境控制，成为环境塑造出来的人。可是，每个人都可以进行自我调节（self-regulation），去克服环境中的不利因素，达到自己的目标，以实现选择环境和创造环境的状态。这个自我调节里面包含很多环节，在其理论的细节中均一一进行了阐述。而在达到目标状态之后，个体就会产生强烈的自我效能感，增强对生活的应变能力。班杜拉做了无数的实验室实验，也做了很多实地研究以及培训项目，不断挖掘和补充该理论包含的变量之间的每一个连接，最终把社会认知理论发展成一个可以解释、预测并改变人类行为的伟大理论。

而关于“偶然”在生命轨迹中的重要作用，班杜拉的故事更为精彩。他成为心理学家是一个偶然，因为他原来打算主修生物学，但那天他到学校太早，要上的英语课还没开始，他便随手翻了一下课程表，发现有一门心理学课程已经开课，于是他就注册了那门课，结果就与他未来的职业相遇了。而他在读博士期间遇到他的另一半也纯属偶然。那个星期天上午他和他的朋友去打高尔夫球却迟到了，于是被安排在下午打，结果就碰上了在他们之前打球的两个女孩。他和其中一个女孩一见如故，立刻就确定了伴侣关系。虽然偶然性这个因素在社会认知理论中并没有被清晰地定义或强调，但对于班杜拉要回答的宏大研究问题（人与社会环境的关系）来说，也是解释人可以摆脱日常轨迹、把握命运方向的一个角度。

再看看巴里·斯托提出非理性承诺升级理论（theory of escalation of commitment）的经过，与前面所说的也有异曲同工之妙。他是1973年夏天在法国度假时坐在咖啡吧里看报纸时得到的灵感，而这个灵感其实已经在他的脑海中隐藏了许多时日，只是一条新闻突然触发了它而已。这条新闻就是有关美军陷入越战的漩涡，群众游行，几届政府发誓撤军却总是不能自拔的报道。斯托关注这条新闻、关注越战的进展，与他自己当年通过上大学逃避服兵役的经历和他对其他学生的观察有关。他觉得其实这样的现象，即一件事开始之后，虽然失败的苗头不断，但还是继续进行下去，并不是一个孤立的现象，可能在其他领域如投资、工作，甚至婚姻中都普遍存在。他于是开始思考这个现象的本质及其可能出现的原因，并着手设计实验来对自己的假设进行检验。结果得到实证数据的支持。

之后他又开始搜集在实际生活中出现的例子，结果发现每天的报纸、电视、新闻、报道中，这样的例子几乎比比皆是。比如1986年在温哥华召开的世界博览会，从一开始7 800万美元的预算，到后来变成15亿美元，显然是一个承诺不断追加的过程。在回溯这个案例的过程中，斯托及其合作者发现，承诺升级是一个在时间轴上慢慢展开的过程，存在几个阶段。与此同时，承诺升级的原因并不只是与经济因素有关，更与行为和社会因素有关。在此基础上，他们修正并拓展了原来的理论，加入了时间因素。

以此模型再去解读另一个历史事件，即20世纪60年代中期发生在长岛照明公司兴建核电站的案例，也解释得通。该公司一开始的预算为7 000美元，并预计在1973年建成核电站。可是自开工后，年复一年，都没有达到预计的目标，结果一直拖到1989年，总共花费了55亿美元才完工。更诡异的是，这个核电站从来没有投入使用，最后以1美元的价格卖给了纽约州政府。这基本上也是一个承诺恶性升级的典型例子。

从研究个体为什么会陷入承诺升级的怪圈，到发现该现象在其他层面（团队、企业、政府）出现的普遍性，从而使该理论增强了解释现象的能力、扩大了范围，似乎是使一个理论成为经典的必经途径。提出资源基础理论的杰伊·巴尼对此也有相当的共识。

巴尼在陈述自己提出资源基础理论的过程中，谈到他最崇拜的理论范本，是曼瑟尔·奥尔森（Mancur Olson）的《集体行动的逻辑》一书。在该书中，奥尔森从一个简单的概念——公共物品——出发，编织了一块令人耳目一新的理论地毯，不仅可以解释小群体行为，也可以解释工会的行为，乃至社会上阶级冲突的演变。而且这些解释还具有意料之外、情理之中的效果。为了使自己的理论达到如此水准，巴尼真可谓是经历了一个“路漫漫其修远兮，吾将上下而求索”的过程。

在经典管理理论的提出者中，巴尼算是比较年轻的一位。长期以来盘旋在他脑海中的核心问题只有一个，那就是："为什么有些企业业绩好，而另外一些企业业绩差？"但这个问题已经被前辈学者从多种角度回答过了，比如波特的战略五力理论、威廉姆森的交换经济学理论，等等。他一一研读前人的著作，却总是觉得非常不满足。

这个问题背后的哲学问题其实来自巴尼早年对社会不平等现象的观察。这个不平等包含两个重要的维度：一个是起点的不平等，一个是结果的不平等。起点可以是家庭背景、社会阶层，也可以是个体的天资和才能；结果可以是金钱和地位，也可以是名气和受人敬仰。组合有以下四种：(1) 起点不平等，结果也不平等；(2) 起点不平等，结果平等；(3) 起点平等，结果不平等；(4) 起点平等，结果也平等。巴尼的直觉告诉他，中间两种状态都是不合理的。而第一种状态，虽然遭到许多学者的质疑，却可能是一种合理的存在。这里的起点，他认为可以用资源来代表，假如一个人或一家企业拥有特别的资源，这些资源有价值、稀缺、难以模仿且不可替代的话，那么通过这些资源所得到的结果也就应该是不一样的。这不仅可以解释为什么有些企业成功而另一些企业失败，而且可以得出一个结论，那就是对于没有竞争优势（缺乏独特资源）的企业来说失败其实是件好事，它能促使企业注重于开发自己独特的资源，对社会的进步有积极的意义。

当然这个顿悟的产生是巴尼广泛阅读经济学、社会学、心理学著作，以及多年来与伟大学者如威廉姆森、大前研一等交流、讨论、辩论的结果。这个理论的提出也实现了巴尼自己关于优秀理论的界定。我们现在也相当认同从这个理论推导出来的结论：其实社会上存在结果的不平等是平常自然的现象，而且这种不平等可能对大家（包括受益者和非受益者）都有好处。如果企业因为其卓越的能力可以满足客户的需求而获得了更多的收益，那么这种结果的不平等其实与最大化社会福祉的理念具有完美的一致性。

如此引人入胜的故事在《管理学中的伟大思想——经典理论的开发历程》一书中比比皆是，除了之前提过的学者之外，还有以下这些管理大家：克里斯·阿吉里斯（Chris Argyris）、亨利·明茨伯格（Henry Mintzberg）、罗伯特·福尔杰（Robert Folger）、爱德华·弗里曼（Edward Freeman）、迈克尔·弗里斯（Michael Frese）、格雷格·奥尔德姆（Greg Oldham）、理查德·哈克曼（Richard Hackman）、安妮·赫夫（Anne Huff）、杰弗瑞·普费弗（Jeffery Pfeffer）、维克多·弗鲁姆（Victor Vroom）、卡尔·维克（Karl Weick）、特伦斯·米切尔（Terrence Mitchell）、悉尼·温特（Sidney Winter），等等。

这本书的两位编纂者也是管理学界鼎鼎大名的教授，他们在最后一章中总结了这些经典理论成型的几个要素，非常精彩。

首先，理论的提出基于对现象的观察和由此引起的困惑或者不安。这个现象对于普通人可能没什么深意，但是对于一个敏锐的学者，联系到个人的体验和经历，却可能产生相当剧烈的冲击，从而唤起思考、质问和争论。

之后就是一个寻找和搜集资料及证据的过程，目的是解答自己心中的困惑。在这个过程中，一方面，学者们向同行、同事和领域中的著名人士请教，与其沟通、辩论，进行头脑风暴；另一方面，他们自己做实验、找案例、到企业中调研，以找到数据来检验自己一开始的猜想。在这个过程中，他们必须带着平常心、中立的态度、不偏不倚的眼光，来客观地判断每一个数据的含义及其解释，并且修正原来的假设。

接着再开展系统、深入的研究以拓宽理论适用的范围，并挖掘理论成立之下的运作机理和操作机制。这些研究可以在实验室里进行，也可以在企业组织活体中进行，还可以通过二手数据或者档案研究进行。当然，也可以多种研究方法并用来全面系统地检验理论。在此过程中，学者们不断地修改、补充、完善理论。

最后就是理论的发表和传播。但是一个有生命力的理论其实一直都处于生长之中，就是在发表之后，也可以有新的事实和数据出现，因此管理理论几乎没有盖棺定论的时候。书中的每一位学者对自己理论的态度都是开放式的。

而我自己对理论产生进行的简单归纳是：

深刻观察组织实践和个体经历

敏锐地捕捉思想火花

大胆地提出管理假设

小心地求证逻辑关系

并在此基础上提炼出经得起检验的管理思想

此外，给我印象深刻的就是这本书中多数理论的发表都经过艰难曲折的过程，都有被拒稿的痛苦，有的甚至经过十多年的历练才得以发表。但是，他们都说，孜孜不倦地发展理论的动力其实不是来自可以发表，而是来自对问题的执迷。提出理论是对自己心里念念不忘的问题的一个交代，是缓解自身紧张

迈克尔·希特　　肯·史密斯

状态的有效方法。

这本书仿佛是一个聚宝盆，不仅让读者瞥见伟大思想本身，而且还看清其来龙去脉。真可谓是独树一帜，蔚为壮观！

2017 年 1 月于美国西雅图，载于《管理视野》第 09 期

草根的力量

中国的许多制度变革不是自上而下由国家驱动的。相反，私有经济被合法化的制度变化只是滞后顺应了实际经济中已经发生的变化而已。

得知倪志伟（Victor Nee）要写这本书，还是在2008年的时候。那年夏天我们在加州开美国管理学会的年会，一起吃晚餐的时候他说起自己正在研究中国长三角企业的发展，研究完成后准备写一本书。那年春天我正好有机会与浙江大学管理学院的EMBA学生交流，其中有许多就是倪志伟将要研究的对象。学生中有一位对浙江的民营企业家做了详细的访谈，并制作了电视节目，我回来之后花了十几个小时看完，感慨万千，为浙江民营企业家们坚韧不拔的毅力、在夹缝中生存的能力和创造力所折服。记忆中那顿晚餐我们基本上就在谈论这些企业和企业家。

经过长达六年，对长三角七个城市（温州、杭州、宁波、上海、南通、南京、常州）的770家企业及其创始人进行了深入调研、访谈、分析、概括之后，倪志伟和他的同事欧索菲（Sonja Opper）终于窥探到了中国经济奇迹背后的真正原因。那绝不是顶层设计的结果；相反，那是草根在求生、求富、求胜过程中不断摆脱现有制度设置的羁绊，在自己经营的行业范围和地域范围内尝试新方法、新手段，打擦边球，在现行政策之下采取对策，千方百计使企业立足、发展、盈利的结果。从每一家企业的起步和打拼出发，继而退一步观察一个地区、一类企业的发展和兴旺，再退一步看整个中国民营企业在过去三十多年是如何通过对国民经济做出的贡献而迫使政府承认其合法地位，并对经济政策进行调整修正的过程。作者们提出了中国经济制度变革的内生性理论模型，在这个理论模型中，创业者这个群体自始至终都是中国经济进步、政府顶层进行制度变革的推动者，而不是相反。

作为资深的社会学家，两位作者对于长三角地区民营企业家的整体运作和发展模式具有相当的洞察能力。他们采用纵向（历史视角）分析方法，总结出民营企业的演变历程：从最早的个体户，到挂户（借用已有的合法企业从事经营），再到终于可以合法注册，其中蕴含的就是私营经济体对经济制度的变革推动。他们采用横向（跨地区视角）比较法，总结温州模式、苏南模式以及上海缺少私营企业的状态，进而推导出政府在其中扮演的不同角色和效果。很显然，地方政府越不阻挠私营经济的发展，该地区的私营企业就越欣欣向荣，对整个国家和世界经济做出的贡献就越大。浙江的温州、义乌、绍兴、诸暨等就是典范。比如，桥头出产全世界 60% 的纽扣和 80% 的拉链；柳市生产全国 40% 的低压开关；义乌小商品市场每天有 20 多万名来自世界各地的商贩前来购货，每天有 1 110 个集装箱离开码头，年创收达到 400 亿美元。相反，上海在 20 世纪 90 年代之前几乎没有私营企业注册，在邓小平南方谈话之后情况才有了很大的变化。

那么，中国的经济奇迹究竟是怎样发生的呢？作者认为，在市场开放但大制度环境恶劣的情况下，一小群企业家采用各种伪装，创造了在政策允许或不干涉范围下的经营模式和行为规范，而这些经营模式和规范使他们得到了丰厚的回报（赚了很多钱），因此得到了同地区或同行业其他私营企业家的认同和追逐，大家于是结成同盟（如浙商协会和其他行业协会），互相合作、扶持、帮衬，并且互相监督、制约，生意才越做越红火。之后，周围越来越多的人纷纷开始学习、效仿，慢慢达到一定的规模（转折点），继而形成大势，迫使政策制定者修正规则，以维持经济的发展。这个过程不断循环往复，使私营企业家的生存空间得以扩大。虽然到今天为止其受到的各种待遇还远远不如国有企业，但是和 30 年前不被政府承认也不被普通百姓尊敬的时候相比，已经可以说是翻天覆地的变化了。

为什么少数私营企业家的经营模式、行为规范能够赢得其他企业家的认同和尊重呢？这些经营模式和行为规范究竟是什么？作者发现，那些成功的私营企业和企业家，恰恰是守信用、重名誉、讲情义、愿合作、有难想帮（而不是落井下石）者，是那些符合民间伦理的行动者。具体而言，作者认为长三角地区自古以来就有经商的历史，而经商成功的要旨在于合作规范的形成。他们总结了如下几条：

首先是该地区有创业氛围，大家互相学习、效仿。邻居和朋友开厂、做生意成功了，我不比他们笨，为什么我不可以？我只要照着他们的样子做就行了。

其次是互相帮衬、合作。经商成功的人有责任帮助亲戚朋友一起致富。在互相认识的小圈子里，大家特别重视名声，一个人如果欺骗别人一次，名声不好了，别人就不会再和他来往。同时，彼此不直接竞争，也不通过说别人坏话来抢生意。

另外，他们在经济上互相帮助。私营企业贷款一向是个难题，在国有银行惜贷或不贷的情况下，地下钱庄、朋友亲戚，都成了借款的对象。企业家之间彼此借贷因此也是常事。虽然没有法律约束，但大家都看重名誉，一般不会发生欠债不还的事。

所以在这个群体里，大家彼此依赖、彼此保护着，共同生长。在这个过程中，他们一起向当时的制度试错，与其抗衡，有的甚至以身试法，最终导致法律的改变，赢得私营企业的合法地位。

从长三角草根企业家的角度来阐述中国资本主义自下而上诞生的过程，与顶层设计的理论相比，更具有说服力。事实上，早年英国和荷兰资本主义的诞生，也有相当类似的过程。比如，伦敦股票交易所一直到1812年才出台正式的法规政策，但其实有组织的股票交易早在1698年就开始了。布鲁塞尔股票交易也是在进行了一百多年之后才出台政府条例的。作者把焦距拉远，将中国的变化放到全球资本主义发展历史的视野中去观察，找到共性和依据。

这本书总共有十个章节，每一章都紧扣主题，把理论与实际数据和事例相结合，从而勾画出一幅既有清晰轮廓又有翔实细节的图像。作者的理论功底和对数据的分析归纳能力在书中体现得很充分。难怪本书获得美国管理学会2013年的泰瑞图书奖，又获得2013年Axiom商业图书奖中的国际商业类图书金奖，可算是实至名归。可喜的是，这本书的中文译本也将在2016年7月与读者见面。

而我之所以推荐这本书，不仅因为它揭示了一个重要的真相，那就是中国经济奇迹产生的根源在于民营企业和企业家的力量，而且更重要的是，这个研究结果对于中国未来经济政策的制定有相当重要的指导意义。在某种意义上，开放市场，而政府采取不作为、不干扰、不阻挠的政策，民营企业自然会摸索出一整

套适合市场发展的模式和行为规范，让自己为中国经济的发展做出更大的贡献。

2016 年 2 月于美国西雅图，载于《管理视野》第 06 期

聚万念于一念的决策法则

李纾先生的新作《决策心理：齐当别之道》是一本关于人类决策的著作。人类作为有别于其他物种的灵长类生物，最为显著的特征就是其做选择、判断和决策的能力，以及在做选择、判断和决策的过程中所具有的理性思考与感性知觉。人类可以在确定情形下做出使个人和整体利益或效用最大化的选择（确定性决策），也可以在具有风险的情况下推断风险发生的可能性和结果的好坏（风险决策）。人类可以在当前推知未来发生的事件可能带来的后果大小（跨期决策），也可以判断由于空间的转移可能对结果产生的影响（空间决策）。理性常常表现在人类能够为了整体的利益牺牲一点个人利益，为了未来的利益放弃一点眼前的利益；而感性的表现则是如此理性行为的出现常常并不稳定。

自从诺贝尔经济学奖得主司马贺（Herbert Simon）先生提出人类决策的满意原则（satisficing principle）之后，丹尼尔・卡尔曼（Daniel Kahneman）和阿莫斯・特沃斯基（Amos Tversky）先生又发现了众多人类决策中的感性表现。他们以决策的理性模型（利益或效用最大化原则）作为对照基础，将人类决策中出现的不符合理性的判断和选择方式一一挖掘出来，从而勾画出一幅人类究竟是凭着什么启发式原则或者直觉（heuristics）做决策的细腻图像，为研究人类的实际决策行为做出了巨大贡献。他们也因此分别获得了诺贝尔经济学奖和格劳梅耶心理学奖。

而现在放在我面前的这本书，是李纾先生站在巨人的肩膀上，进一步追究卡尔曼和特沃斯基发现的现象，不仅对这些现象发生的边界条件（boundary condition）加以更精确的界定，而且对这些现象背后的原因进行更深入的追溯的结果。比如，就基于"亚洲疾病"发现的著名的框架效应（framing effect），作者进行了进一步的剖析。他发现如果改变实际可以救活的人数以及相应的概率，或者用图形代替语言来陈述问题，或者改变达到终极得失状态的方程式的数量，都可能避免卡尔曼和特沃斯基发现的框架效应；而且因此原先用来解释框架效应的预期理论（prospect theory）也会失效。如此从多个角度挑战框架效应和预期理论，在目前的决策研究领域恐怕还无第二人。这本原创著作，每读完一节，就会让人产生一点豁然开朗的感觉；这样一节一节读下去，到最后就有醍醐灌顶的效果。

这是一本用推理和理性研究人类决策行为过程中不符合理性、不符合"规则"的书。而那些不符合理性又不符合规则的决策行为，通过作者敏锐的观察、大胆的假设、小心的求证，却又存在相当一致的规律性，那就是：齐当别决策法则。齐当别决策法则指的是一种“决策表征系统，认为决策者在诸多决策中趋于采用单一策略，即对于二择一决策问题，决策者会‘齐同’掉选项在某一维度上的差别，并以另一维度的差别作为最终的决策依据，即选择在另一维度上效用更大的选项”。本书以齐当别决策法则作为一条红线，串起四大决策领域（确定性决策，风险性决策，跨期决策，空间决策）中存在的多种与现有决策理论预测不相符的异象（anomaly），然后将它们之间的共性一一展现出来，表现出齐当别决策法则强大的解释力。

这是一本厚重却又轻松的书。厚重的物理表现是全书的总篇幅超过 500 页，印刷出来够厚、够重；厚重的实质表现是内容既全面又细致，从人如何做聪明决策，到做智慧决策，再到理解并改进决策，一直到变换不同的研究方法并寻找决策理论与社会制度实践的关系。作者从现实生活和个人体验中寻找养分，研究既简单又复杂的各种决策情境，用齐当别决策法则来解释各种有趣的现象。说这本书轻松，则是因为作者能够把复杂的问题用简单直白的语言表达出来，而且还常常用妙趣横生的文字来描述或解释某些现象。看到某些小节的题目，相信你会希望马上翻开书一读为快。比如“齐当别严重的心理咨询：亲情——父子冷战，友情——同伴拒斥，爱情——第三性（女博士）”；再比如“折射在文化遗产上的齐当别之道：以一念代万念，不自由毋宁死，澳门赌场箴言《劝世文》，财主进天国——难!”；等等。所以，看似厚重的书读起来却轻松有趣，而且能让我们对平时熟视无睹的现象从全新的角度进行观察和思考。

这是一本作者积毕生的思考、研究、实证而写就的书。它凝聚了李纾先生二十多年来对人类决策的探索、灵感、创意、心血和智慧。我和李纾相识已经有三十年（说起来真不敢相信!）。我们曾经都是杭州大学（现浙江大学）心理系的硕士研究生，不过他在人机工效学领域，而我在管理心理学领域，所以当时并不知道他对决策科学的热爱。毕业之后我们各奔东西，他去了澳大利亚，我去了美国。直到我博士毕业去了香港科技大学工作之后才了解到李纾在《组织行为和人类决策过程》（OBHDP）期刊上发表了论文。因为我自己的硕士论文和博士论文都发表在 OBHDP 上，因此产生了惺惺相惜的感觉。1997 年全球社会困境研究双年会（International Social Dilemma Conference）在澳大利亚举行，我们得以在悉尼重逢。记得那次在库吉海滩上散步的时候，我们自然地谈到了可以合作的研究课题，于是就有了我们后来联合在《国际商学》（JIBS）期刊上发表的论文，对中国人和澳大利亚人在与同胞和非同胞做生意时竞争行为的异同有了全新的发现和解释。

收到李纾的邀请为这本书作序，我感到莫大的荣幸。这本书内容丰富，文字简练老道，既有清晰的科学逻辑，又含深刻的哲

学理念。而且当你细读作者设计的每一个实验情景时，又会发现其无所不在的机智、幽默，以及对中西文化的到位解读。这是一本让人耳目一新的学术著作，不仅能让学者体会到学术的奥妙和趣味，而且能让社会实践者和企业管理者学习到很多可以巧妙运用的决策心理学原理，比如“吃亏是福”，比如“难得糊涂”，从而使自己的工作和生活更加妙趣横生，精神和心灵更加充实幸福。

2015 年 9 月于美国西雅图，载于《管理视野》第 05 期

放空自己：
滋长生命的内在能量

人的欲望有没有好坏？人追求快乐有没有问题？人活着究竟是为了什么？

如果你对这些问题有思考，但又没有明确答案的话，那么《内力与外力》这本书中所描述的科学研究成果一定会让你产生浓厚的兴趣。作者大卫·霍金斯（David Hawkins）多年来研究身心学（Kinesiology），他在书中描写了许多身心联系的实验，非常有意思。比如，他用一个简单的测量手臂力量的方法，就发现了人的意念对身体力量的作用。当一个人心里在想“负面”事物的时候，力量自然减弱；而在想美好的正面事物的时候，力量自然加强。这个结果表明，光是“想”这个举动就可以直接影响手臂能够承受的力量。更有趣的是，这个实验结果放之四海、男女老少而皆准。具体而言，在正面事物中，想到“爱”能使手臂的力量达到 500 能量值以上。而在负面事物中，想到“羞耻”会使手臂的力量降到 20 能量值以下。此外，他还发现，在人靠近某种物质时，即使自身完全不知道该物质的内涵，其手臂的力量也会随物质本身的性质而变化。比如，一个手拿一小包人造糖精的人，与一个手拿一小包维生素 C 的人，测出来的手臂力量就不同。拿人造糖精者的手臂力量减弱，而拿维生素 C 者的手臂力量增强。这与中国古人说的“近朱者赤，近墨者黑”似乎有异曲同工之妙。如果我们视赤为正能量、黑为负能量的话，要使自己增加正能量，就得多往带朱者那儿靠靠。

经过多年的反复研究验证，作者绘制了一张意识—能量地图（map of consciousness）。从地图上可以看出，给人最多负能量的情绪状态是羞耻感（Shame：20），而最多正能量的是开悟（Enlightenment：700—1 000）。在这两种状态之间，有内疚（guilt：30），漠然（apathy：50），悲伤（grief：75），恐惧（fear：100），欲望（desire：125），愤怒（anger：150），骄傲（pride：175），勇气（courage：200），中性（neutrality：250），愿意（willingness：310），接受（acceptance：350），讲理（reason：400），爱（love：500），欣喜（joy：540），宁静（peace：600）。并且，他把能量值低于 200 的情绪状态称为“外力”（force），而把能量值高于 200 的称为“内力”（power）。

作者在总结了多年的研究之后认为，人们一般会尽量摆脱低能量状态而进入高能量状态，因为高能量状态给人带来的愉悦感更高。因此，一个处于羞耻、沮丧状态的人，会走出沮丧而变得愤怒，而如果能把愤怒转化为骄傲甚至勇气，那就能摆脱外力的影响，使自己达到正能量状态。这样慢慢上升到愿意、接受、讲理的情绪时，能量就会越来越高，再上升到爱、欣喜、宁静的状态时，能量就会达到 600。作者认为，人不仅希望达到高能量的状态，而且一旦有过那样的体验，就会不断想回到那个状态（也就是对那个状态上瘾）。他举了一个例子，说到《消失的地平线》（*The Lost Horizon*）一书的作者，在他到达中国云南的香格里拉时，就体验到了极度的快乐（High）状态。作者在书中详细描述了那种感受，并感染了很多读者。可是在离开香格里拉之后的很多年，作者都未能再产生那样的体验。为了重新进入那种极度快乐的状态，多年之后，他又回到香格里拉去寻找失落多年的体验。

除了与充满正能量的人和事物接触之外，还有其他的方式可以使自己提高能量，进入极度快乐的愉悦状态吗？这里首先涉及的是关于人类的欲望问题。我们通常把欲望看成负面的东西，是一个需要压抑和控制的东西。但其实“欲望”是人类生存的最原始的动力，可以是一个正面且充满能量的东西。不仅不该压抑，反而应该寻找合适的方式去获得满足。这些方式就是人类发明的种种器物、科技、时尚、艺术等。霍金斯认为，满足欲望达到快乐状态是人类孜孜不倦的追求，而越是处于快乐状态的人能量越高。按照他的研究结果，最高能量状态就是开悟，其次为宁静、欣喜、爱。但是一个人在什么情况下能够达到这些状态取决于这个人的心理结构（mental structure），因此，在同一情形下，有些人可以达到愉悦的状态，但另一些人则不能。

我特别认同霍金斯说的这一点，一个人的心理结构不同，对同一事件经历和感受的深度与厚度就不同。我在阅读村上春树的小说，尤其是《国境以南，太阳以西》中的爱情故事时，经常出现在脑海中的问题就是：这个故事在平常人看来也许平淡无奇，无非就是两个青梅竹马的独生子女，在一起成长的过程中从未意识到，但后来离开，经历了一段成人生活之后才猛然醒悟原来两人之间有过爱情的意识，然后试图努力追回却又没有成功的故事。可是，在村上春树的笔下，你却可以读到那种刻骨铭心的孤独和渴望、爱和痛、拥有和失去、淡泊和在意，让故事充满了活力和张力，反映出人类深层欲望的五彩表现。就这一段普通的爱情故事，就催生出他的这本小说，可见其能量之高。

心理结构并非全部天生，其很大一部分由后天所为。短暂的改变可以来自药物，比如大麻或可卡因，服用之后，让人产生飘飘欲仙的感觉。也有人通过抽烟、饮酒获得暂时的快乐。但是，作者指出，通过药物、烟酒达到高能量状态是不正当的手段，因此身体会得到报应：当得不到满足的时候就会浑身无力、生病，等等。更重要的是，通过这些方法达到的高能量状态永远不可企及开悟时具有的能量，且不能持久。那么正当途径又是什么呢？

根据这本书的研究结果，一个有趣的发现是全世界达到开悟状态的人其实寥寥无几，圣人中有释迦牟尼、耶稣、克里希那穆提；凡人中有特蕾莎修女、圣雄甘地。就是处于宁静状态（能量600左右）的人几百万人中也只有一两个！而要进入宁静和开悟状态，人必须纯净，必须具有纯真纯粹的意识（pure consciousness）。一个人只有在完全放空自己、返璞归真、回到纯净如初生婴儿不迎不拒的时候，纯真的意识才会出现。

在清醒的时候忘我不是一件容易的事，而要彻底放空自己就更不容易了。根据我亲身的经历，在静修和冥想的过程中，有时会企及“致虚极，守静笃，万物并作”的状态，体会到自己身体的不存在，只有意念，与天地万物融为一体。也许这就是一个良好的途径？带着这种想法阅读《内力和外力》时，越读下去越发现自己可以亲身体会每个句子的意思。最妙的就是，作者也说到静修和冥想可以企及极度快乐的状态。当然，通过其他方式在工作、生活中不断修炼也可以逐渐达到忘我、无我的开悟境界。但重要的是，只有这样的修炼、打磨和提高才是达到宁静开悟状态的正当途径，长期重视修炼之人，其身体的内在能量会越来越足。

按照作者的解释和定义，Power 指的是一个人的内力，Force

《内力与外力》大卫·霍金斯著
Hay House 出版社 2012 年出版

指的是外在的作用力。通过外力催生的影响，总是会遇到阻碍，就像作用力和反作用力一样。因此通过外力产生的影响，常常不能持久，而且还可能出现负面效果。所以从能量的角度，由外力起作用产生的是负能量。相反，Power 这种内力，不会因外在的环境而改变，而且始终如一，给人以正能量，并给人的行为带来长久的动力。

把内力和外力的概念应用到企业管理中，一个重要的实践就是应该注重员工内在力量的培养，而不应仅仅依靠外在的力量（比如物质奖惩制度）去激发员工的工作热情和敬业度。

2015 年 2 月于美国西雅图，载于《管理视野》第 02 期

在直面死亡时寻找生命的意义

听说去年在国内流行的韩剧《来自星星的你》，是一部讲述从外星来到朝鲜时代的神秘男人都敏俊就此生活至400年后的现代，在与全国顶级女演员千颂伊陷入爱情的过程中，不同星球的两人消除彼此之间的误解，克服危险追寻真爱的浪漫爱情喜剧。在这部电视剧里，爱情战胜了星球之间的文化差异，让有情人终成眷属，看了感觉温馨美好。

因此，当我捧起这本名叫《来自星星的谬误》（*The Fault in Our Stars*）的英文小说时，也期待体验相似的感觉。这本小说是美国青少年的畅销读物，在《纽约时报》畅销书排行榜上长期占据前五名的位置。在我女儿的强烈推荐下，我抽时间开始阅读。

打开书之后，才发现这本书与想象中的普通青少年读物很不同，因为这是一本与死亡有关的书。书的女主人公何卓（Hazel Grace）是一位年仅17岁的肺癌患者，无论是在家还是出门都得背着氧气罐，鼻子里一直都插着氧气管。全书以何卓自述的形式展开故事，从她参加在教堂举办的青少年癌症患者支持小组的活动开始，就表现出这个女孩的独特性格和智慧。她对这种在健康人看来应该是温暖人心的活动冷嘲热讽、毫不留情、看透一切。自己的生命已经危在旦夕，谁能救得了呢？就是上帝也不能。当然，就是这样一个如此反叛的女孩，也有自己最心仪的书和作家。有一本书是她的秘密，讲的也是一位癌症患者的故事，但故事没写完书就结束了，因此这本书又变成她的一个心病。她给作者写了无数封信想知道书中人物的结局，都得不到回音。

有一天她在那个支持小组遇到一个高大英俊的小伙子奥古斯特（Gus），18 岁，原先是学校的篮球明星，后来因为癌症一条腿被锯掉了一半，从此无法再打球了。奥古斯特的癌症已经被控制住，这次他是陪自己的朋友——即将双目失明的艾塞克（Isaac）来的。没想到他对何卓一见钟情，并且大胆表白。在这次小组活动上，奥古斯特坦言他一直想成为一个受人爱戴的英雄，想在这个世界上留下痕迹（leave a mark in the world）。因此，他最恐惧的不是死亡，而是在他死去之前无法做到这一点。看到他幽默、开朗、看透生命但又不退缩的精神和态度，原本愤世嫉俗的何卓决定与他分享自己的秘密，结果奥古斯特也被那本书深深吸引，与她一样产生了一定要搞清故事结局的愿望。

在美国，对癌症青少年患者有一个特殊优待项目，就是在临终前可以满足他们最大的一个愿望（dying wish）。何卓很早就得知自己得了不治之症，在 13 岁那年已经把自己的愿望（去迪士尼乐园）满足了。好在奥古斯特还没有用掉这一机会，他就把自己的愿望定为去阿姆斯特丹访问那本书的作者，搞清书里几个主人公的结局，而且要求带上何卓。然而就在他们去阿姆斯特丹之前的两个星期，两个人都经历了病痛的折磨。何卓肺部积水，昏迷了好几天；奥古斯特则被医生告知他腿部的癌细胞已扩展到全身，完全没有医治的可能性了。但为了让何卓有一个美好的旅行回忆，奥古斯特没有把这个消息告诉她。在阿姆斯特丹的整个“愿望成真”的旅程中，他都是情绪饱满、充满快乐地带着何卓。他们俩在那儿度过了浪漫的一夜，还喝了“盛满星星的香槟酒”。在参观安妮·弗兰克（Ann Frank）的纪念馆时，他们终于第一次忘情接吻，陷入爱河。

然而，第二天见到那位作家时，他们才发现作家已成了酒鬼，并且完全拒绝他们的要求，并说那本书本来就是小说，胡乱编造的，完了就完了，哪里还有后来呢？何卓那天特意穿了一件印有比利时画家雷尼·马格利特（Rene Magritte）画的烟斗图案的T恤，与书中女主人公安娜（Anna）一样。我这才看懂那幅画里的那句法语的意思是“这不是一个烟斗”。因为这是艺术品，虽然画的是烟斗，但实际上已经不具有真实烟斗的功能，只是关于烟斗的一幅画而已。“这不是一个烟斗”是一个隐喻。其实人生中又有多少东西只是隐喻，只具有象征意义而已呢。

奥古斯特和何卓非常生气，只能感叹这个世界并非一个愿望

成真的梦工厂，面对沉迷于酒精的作家，他们愤然离去。

这个部分令我感到特别温馨的有好几个地方，一个是马格利特的画，我一直都很迷恋；另一个是阿姆斯特丹这个城市，因为我们三年前刚去过。那些古老的建筑、小桥流水、到处停放的自行车，以及俊男靓女骑着自行车飞逝而过的场景都是那么熟悉。我们也有一个特别喜欢的小餐馆，离我们住的酒店只有几个街区，每天步行过去，沿着小河漫步，街道都由石砖砌成，桥很多，也都是石头的。河边的房屋相当古老，好多看起来都有些倾斜，街角处有各种小店，生活方式与美国截然不同，非常有味道。而且我还清晰地记得我们那天去安妮·弗兰克纪念馆的情形，排长队，空中飘着细雨，狭窄又弯曲的楼梯，还有那个放录像的房间，也就是奥古斯特与何卓第一次接吻的地方，感觉那么亲切。

从阿姆斯特丹回来之后，奥古斯特的身体每况愈下，但他还是强迫自己始终以最快乐的状态出现，不让别人为他操心。他依然保持强烈的幽默感，嘲笑自己的身体状况，对自己的死亡那么确定，处在既害怕又坦然的矛盾状态。他已经决定死的时候穿什么衣服（death suit），葬在什么地方，并预演在葬礼上朋友们会说些什么，还让朋友们提前写好悼词读给自己听。关于生死穿越问题的探讨在书中也有相当大的篇幅，其探讨的深度和答案基本停留在对“天堂”的反叛上（因为是青少年）。书的题目很妙，是作者跳出尘世对人类的观看，像奥古斯特和何卓这么美丽聪慧的青少年，却被造物主捉弄，身体里长出毒瘤并吞噬其生命，如果不是星星的谬误又是谁的错呢？

在奥古斯特的葬礼上，何卓意外地发现那位作家出现了，并且带给她一封信。作家向她道歉，并告诉她那本书里的安娜是她的女儿，当时只有八岁，安娜去世之后他就一蹶不振了。何卓尚沉浸在极度的悲痛之中，看到作家就气不打一处来，并未原谅他。这本书中有一句名言，叫作：“痛苦呼唤你去感受它”（Pain demands to be felt）。有痛苦就需要有宣泄的通道，不能置之不理。对何卓来说，失去奥古斯特，是她一生中最痛最痛的时刻，怎么可以被这个可恶的作家打扰？

几天后，艾塞克告诉她奥古斯特临终前曾对他提起自己给那位作家写信的事，何卓才醒悟过来原来那封信不是作家写的，而是奥古斯特写给她的悼词，因为他不可能在未来参加她的葬礼，所以托作家先带过来。奥古斯特临终之前的这段日子原来还耗尽心力地做着这件事，让何卓感动到不能自已。奥古斯特在信里说，找到她是他一生的幸运，只要是她，就是被伤害也无所谓。在人类的海洋里，有一些人比另一些人更有价值；在数字的海洋里，有一些无穷大的数字要大于另一些无穷大的数字（some infinite numbers are greater than others）。对于奥古斯特与何卓来说，在生命的终点彼此还可以这样深深地相爱，这样忘情忘我地相爱，他们都算是幸运之人。

在直面死亡的时候寻找生命的意义，这近乎是一个残酷的话题。但其实在这个地球上，又有哪个人不是一步一步朝着死亡迈进呢？从这个角度来说，不只在面对死亡的时候，就是在健康的时候，也一样需要思索人生的意义，而这个意义就是在世界上留下一丝痕迹。当然，这丝痕迹可大可小，可长可短，可深可浅。像乔布斯在生命的后期对生死有了更透彻的认识之后，关心的就只有自己留下的痕迹，而他的痕迹就是苹果一系列的产品。像奥古斯特所留下的痕迹，就是他给家人、朋友和爱人（何卓）曾经带来的热情、希望和快乐。他在这些人的心里留下了痕迹。而像你我这样的普通人呢，能否留下痕迹可能就在于我们曾经为别人、为社会做过什么了。没有为别人做过一点好事的人，在世界上将不留痕迹。

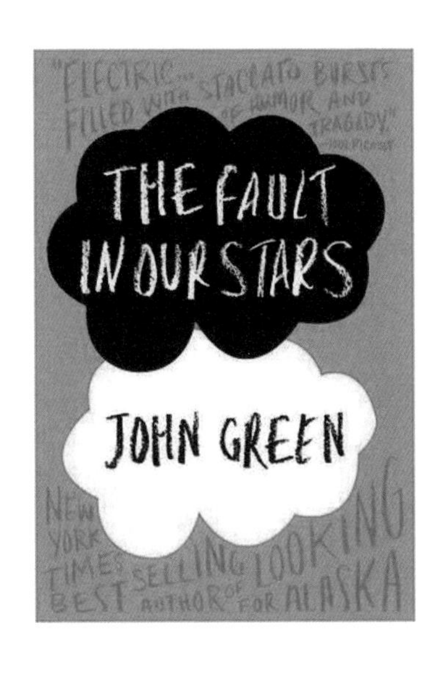

《来自星星的谬误》一书的作者名叫约翰·格林（John Green），他在青少年癌症病房待了半年采访了很多患者才写出了如此真实感人的故事。此外，他也是另外好几本青少年畅销读物（如《寻找阿拉斯加》等）的作者。目前这本书已经被好莱坞拍成同名电影。电影虽然缺乏小说中的心理细节描写和诙谐自然又不乏深意的语言，但基本上还算改编成功。

在读这本书的时候我用了很多纸巾，根本忍不住眼泪，而且是那种想哭（因为悲哀）但又想笑（因为幽默和透彻）的眼泪。如果你准备阅读这本书的话，就请放一盒纸巾在手边吧。

2014年9月于美国西雅图，载于《管理视野》第01期

女儿是妈妈的永世情人

有这样一个女子，当小生命的种子在自己的身体里刚刚发芽时，就开始了与她的交流。她给她起名苗苗，给她唱歌、讲童话故事，带她去看树林、看流水、看星星。有时，她还与苗苗谈古论今，吟诵唐诗宋词，仿佛她已然成为自己的化身。这样的交流从一开始的以独白为主，发展到今天既成熟又稚气的母女对话，居然已持续了整整十年！在这十年中，这个女子每天都用发现和惊喜的眼光记录女儿的成长，用文字抒写一句一句的对白，用影像记录一个一个动人的瞬间，把逝去的每个日子都变成永恒。这就是《陪你走过这十年——一位博士妈妈的教育手札》一书的由来，而那个详细记录女儿成长史的女子就是四川大学商学院的刘苹教授。

我认识刘苹是在她来华盛顿大学做访问学者的时候。可能是气味相投的缘故，我们见面就有亲切感。我发现她是一个特别温暖、开心、浑身充满正能量的人，而且学习非常认真。她不但来参加系里差不多每周一次的研究报告会，而且还主动旁听博士生的课程，认真阅读文献，并积极准备问题和讨论。我们虽然交谈不少，但是她却从来没有和我提起过苗苗。现在阅读此书，才知道其实苗苗一直在西雅图“陪读”；而且，母女二人在西雅图共同生活一年的经历，也在她们各自的生命中，留下了不可磨灭的印记。刘苹回国之后，才开始和我谈到她的女儿，分享一点小小的趣事。因为我自己有两个女儿，也常常抽空记录她们成长的一些故事，所以非常理解刘苹对女儿的感情，有许多共鸣之处。

但是，当读到《陪你走过这十年》的时候，我还是被震撼了。首先，我没想到刘苹从怀孕到生育经历了那么多波折，这个女儿得来不易；其次，我没想到苗苗其实差不多占据了刘苹的整个身心，但在西雅图时她却“金屋藏娇”，完全没有因为苗苗而影响自己在学业上的投入。更没想到的是，过去十年正是刘苹工作压力最大的时候，教学、科研、行政多头并进，还经历职业的升迁，而且因为苗苗的爸爸是飞行员，经常外出执行公务，所以家庭的重担也大多落在她的身上。可是刘苹不仅在工作上取得了巨大的成绩，而且居然十年如一日孜孜不倦地把苗苗的一颦一笑、每一寸成长都记录了下来。这样的深情，让我只能想到一句话来形容，那就是“女儿是妈妈的永世情人”。

这是一本特别温馨的书，字里行间都渗透着女人的温柔、怜惜之情。从每篇的题目就可见一斑：“我爱你，我的宝贝！”“甜蜜三人行”“陪你看世界”“你一言我一语”。每一篇文章写的虽

然都是平凡小事，读起来却不觉琐碎，反而觉得内容丰富细致，时有跌宕起伏，并且还常妙语连珠，幽默诙谐。

这也是一本让人感动和深受鼓舞的书。书里描述的对女儿的教育、引导、批评、鼓励在某种意义上其实也与刘苹自己教授的人力资源管理课程密切相关。书中有一段对苗苗在学游泳过程中遇到障碍时大人如何拿捏分寸软硬兼施最后成功的描写，体现出家长在培养孩子时强烈的爱心、耐心、决心和信心，应该会引起许多为人父母者的共鸣。

遇到刘苹这样的妈妈是苗苗的幸运。希望这本书能激励更多的父母拿起笔，记录孩子每一步的成长，并与孩子一起重新再过一次幸福的童年。

是为序。

2016 年 8 月于美国西雅图

创造力的轨迹：从沉思到顿悟的快乐

给这本小书作序，比我想象中困难许多。首先是书名——《57种方式开启你的创造性自我》，是我认为最缺乏创造力的一种书名，一看就有公式化和心灵鸡汤之嫌。其次，每一种方式用一两页文字说明，并举几个名人（画家、音乐家、科学家）的事例加以佐证，对于习惯于用更严谨方法证实观点的我来说，也缺乏说服力。最后，那些列举的事例，对于熟悉这些名人轶事的读者来说，可能有会心的感觉，但是对于其他读者，则可能是一头雾水。在给出这三个警告之后，再来写这篇序言，心里感觉更踏实一些。

在我们每个人的经历中，一定出现过“啊哈”（Aha）的顿悟时刻，用意象表达，就是电灯泡发出光芒的那一刻。这个“啊哈”，可能是对百思不得其解的问题突然有了新的视角或答案，可能是突然“看”到了解决问题的路径和方法，也可能是突然找到了全新的表达方式。阿基米德在浴缸里突然想到帮国王辨别真假王冠的方法乃至后来提出著名的浮力理论，就是一个最经典的“啊哈”时刻。

我们都向往这种时刻的到来，无论是科学家、艺术家、学者、学生，还是管理者、员工；无论你在哪个行业、组织、团队，无论你遇到的是理论问题、技术问题、设计问题还是管理问题、人际问题，能够发现有创造性的解决方案，都是求之不得的。那么，如何让这样的顿悟时刻经常出现呢?

虽然人生有许多目标通过个人的努力是可以实现的，但是创造力却不属于这样的目标，再努力也不一定能够实现。仔细阅读《57 种方式开启你的创造性自我》，我发现作者其实并没有提供公式，而是向读者展现了经过认真观察、思考、体验之后提炼出的经验和智慧。把这些经验和智慧再归纳一下，就有下面这四个大类。

首先是相信自己，为自己自豪，坚持做自己的梦，敢于迷失自己，大胆无畏。创造自己，制定自己的标准，取悦自己。为自己做的事情创造机会、创造环境、创造意义，始终喜欢并充满激情。

其次是不断提问、质疑、批判已经存在的现实，不用理性而用图像思考，不用寻常工具尝试，不追求完整、成功，敢于走极端，并把失败当作垫脚石，不断开始、不断试错。

再次是关注自己、专注于当下又把未来装在心里。不和他人相比，但可以嫉妒为动力，甚至以恐惧为动力来促进自己的创造力。

最后是不被自己的短板局限，不被环境局限，不找借口，不拖延行动。可以从模仿开始，追求简单、精简的创造。敢于走出自己的舒适区，始终保持开放的心态，不断学习、充电。不把好的想法只留在头脑里，而是付诸实施。

这些经验、智慧通过作者和译者诗一般的文字及图片表达出来，一气呵成，令人赏心悦目。难怪译者任漠南女士在机场拿起这本书的英文版就放不下，并且立刻决心将它翻译成中文。任女士这个“啊哈”时刻的诞生，使我们众多的中文读者受益，又何尝不是这本书智慧的一种体现呢！

2017 年 1 月于美国西雅图

以身作则，以正压邪

早就听说《白鹿原》是当代中国文学中的精品，我也托国内的朋友购买了此书，但一直没有找到时间阅读。没想到上个月《白鹿原》的作者陈忠实不幸去世，我才终于下决心精读，作为纪念他的一种方式。花了两天时间读完之后，确以为此书乃惊世杰作。不仅因为书中人物的丰满、故事的精彩、对世道变更深刻冷静的刻画，或是文字的生动和老道，更让我欣赏的，是这本书透过文字所散发出来的精神气质。如果“小说被认为是一个民族的秘史”，那么这本书中传递的精神气质就是支撑中华民族多年辉煌的软实力。

白鹿原地处西北关中渭河平原，民风淳朴厚道，老百姓尽自己的本分辛勤耕种，邻里之间和睦相处，被称为“仁义白鹿村”。如果把白鹿原看成一个社区组织，那么在这个社区组织中起到关键领导作用的就是两大家族：白家和鹿家。白家以白嘉轩为代表，鹿家以鹿子霖为代表。白鹿原的组织文化基本上就由这两家代表人物的价值取向所决定。但是，白嘉轩和鹿子霖的价值观常常并不一致，有时甚至南辕北辙，在遇到挑战现存规范的人和事件时，如何处理，就关系到何种价值观能得到传承和延续的问题。

在小说中，白嘉轩是正气和正义的化身，他做事光明磊落，腰杆始终挺得笔直。他在原上修祠堂，把英烈人物载入史册；办学堂，让孩子们从小接受知书识礼的教育。他还把《乡约》刻在祠堂的石墙上让村民们学以致用。这个《乡约》，就相当于白鹿原的“基本法”，奠定了人们的行为准则和规范。比如《乡约》里的“德业相劝”是这么说的：

> 德谓见善必行闻过必改能修其身能治其家……能为人谋事能为众集事能解斗争能决是非能兴利除害能居官举职凡有一善为众所推者皆书于籍以为善行。业为居家则事父兄教子弟待妻妾在外则事长上结朋友教后生御童仆至于读书治田营家济物好礼乐射御书数之类皆可为之非此之类皆为无益。

对于违反《乡约》所述内容的，则有“过失相规”的惩罚，一般包括罚跪、罚款、罚粮以及鞭抽板打。白嘉轩要求村民们每晚诵读，并将自己的言行与之对照。对于犯规人士，无论亲疏，都会遭到严重的惩罚，而且都是在祠堂里当众受惩。比如，因吸鸦片、赌博而抛妻弃子的烟鬼、赌鬼，必须把自己的双手伸到滚烫的开水里浸泡数分钟，让他们永远记住并发誓从此断绝恶习。因此，白鹿村的人都变得文质彬彬、和颜悦色，坏人坏事绝迹，有伤风化的举止也不见了。

但是这个深入民心的《乡约》却在革命时代遭到了重大挑战。小说描述的年代是20世纪的前50年，从辛亥革命、军阀混战，到国共合作、反目，到抗日战争，再到解放战争结束的过程。这50年中你方唱罢我登场，各种主义和思想层出不穷，从作者的描述来看，白鹿村里的价值体系也因此变得摇摇欲坠、岌岌可危，因为在不同的权力当道的时候，就有不同的人物掌权，成为看得见的领袖。这些人若是自身品德有问题，不被村民尊敬，却又掌握权力的话，就会动摇原先制定的规则和价值理念，促使投机分子的诞生和滋长，使正气受到压制，邪气得到张扬。

由于白嘉轩在原上的名气和地位，他每次都受邀担任要职，但是每次都婉拒了，因为他看不清政府的面目，不愿意充当傀儡，做对老百姓横征暴敛的事。相反，鹿子霖则是有机会就不放过，因此长期以来都担任官职，做的事情都是对上负责对下不顾民愿。很显然，白、鹿二人在价值取向上最大的不同就在于白嘉轩做决策总是把白鹿原这个村里老百姓的利益放在首位，而鹿子霖总是把个人的利益得失放在首位。白嘉轩在听说县政府要对村民按照土地亩数和人头收缴印章税，老百姓怨声载道之后，不仅不听从县官的命令去说服百姓，反而秘密策划了“起事”造反，没想到被人出卖告密，其他肇事者被抓。白嘉轩大义凛然前去自首，但提倡民主的革命政府并未拘留他，他于是想尽办法救出了其他肇事者，对此事做出了担当。因此，在村民心目中，虽然白嘉轩没有一官半职，却是他们心中真正的族长。

书中还描述了白鹿原多次经受价值观考验的事件以及面对这些事件，白、鹿二人是如何处理的。对于白嘉轩来说，最令他痛心丢脸的事件就是自己的大儿子白孝文与不良妇女田小娥勾搭成奸，而这件事又恰恰出自鹿子霖的阴谋（当然白嘉轩自始至终都不知道）。虽然俗话说“家丑不可外扬”，但是为了树立正气，就是对自己最心爱的长子，白嘉轩也不心软。他不听家人的劝阻，也不顾鹿子霖的跪拜求情（假惺惺以掩盖自己的恶行），毅然按照乡规，把白孝文当众捆在祠堂的槐树上用刺刷严厉惩罚，使其皮开肉绽。而且他还决定与儿子分家，划清与他的界限，让他从此自立门户，重新做人。

另外一个重要的相关事件是，田小娥被白嘉轩忠心耿耿的长工鹿三暗杀之后，冤魂不散，先后附体到濒临死亡的同村老者身上，通过他们的嘴为自己申冤，要求在村子里为自己立牌坊，否则她会让白鹿原鸡犬不宁、灾难不断。眼看着村子里的人不断染上疾病离开人世，村民们十分惶恐不安，纷纷请求村里的领导满足死鬼的要求。在这种情况下，鹿子霖俨然一副遵从民意的样子，并且前来说服白嘉轩。然而对于白嘉轩来说，这是大是大非的问题。从来牌坊都是为贞洁烈女立的，哪有为一个不明不白、不要脸面的荡妇树碑立传的道理？这个世道到底还有没有礼义廉耻了？与此同时，他也希望闹鬼的事情能够停止。在反复斟酌之后，他决定在村里建造一座镇邪之塔，把田小娥这个妖魔压在底下，永世不得翻身。这座六棱砖塔竖立起来之后，果然驱散了邪气，白鹿原恢复了正常。

《白鹿原》中还有一个特别值得一提的人物，也是这本书的灵魂所在，他就是白嘉轩的姐夫朱先生。朱先生是清朝的举人，每日清晨诵读圣贤书，全神贯注，如痴如醉，如同进入仙界。他对大事小事都有深远的见解，明辨是非，并对未来有着令人难以捉摸的预见能力，在当地有相当高的威望。他的故事如神话一般被村民传颂，比如当年孤身一人充当张总督的说客，斥退20万清军，避免了一场恶战，让老百姓躲过了生灵涂炭的可能。但朱先生从来都不加入任何政治阵营，始终保持清高、中立、独立的知识分子立场和风骨，因此各方人士都尊敬他，并且向他咨询，请他断世论时。在战乱纷飞、书院办不下去的时候，他选择了编写县志，将白鹿原所在的滋水县在那个年代经历的种种事件记录在案，严谨细致，充当历史的见证人。但朱先生也有一次决心不当旁观者了。那是在目睹白鹿原的青年才俊在抗日前线阵亡之后，他毅然书写并发表了《抗日宣言》，然后决定投笔从戎，与日寇决一死战。没想到在参军的路上被截了回来，因为那支部队已经全军覆没了。他只能重回书院编写县志。但后来国民党人士出资五百大洋要他书写剿共声明时，他坚决不从，因为他认为：“他们在一个窝里咬得热闹，还要把我这老古董也拉进去咬？”他参透了自己的生死，临终时意识清醒，留下遗嘱，无疾而去。离世时更有一只白鹿从他的身体里飞出，升天而去。

而这只白鹿与当年白嘉轩在原上那块荒地上“看见”的那只一模一样，白毛，白腿，白蹄，白鹿角。“白鹿跳跳蹦蹦像跑着又像飘着从东原飘向西原，倏忽之间就消失了。庄稼汉们猛然发现白鹿飘过以后麦苗忽地蹿高了，黄不拉几的弱苗子变成黑黝黝的绿苗子，整个原上和河川里全是一色绿的麦苗。白鹿跑过以后，有人在田坎间发现了僵死的狼，奄奄一息的狐狸，阴沟湿地

里死成一堆的癞蛤蟆，一切毒虫害兽全都悄然毙命了。更使人惊奇不已的是，有人突然发现瘫痪在炕的老娘正潇洒地捉着擀杖在案上擀面片，半世瞎眼的老汉睁着光亮亮的眼睛端着筛子拣取麦子里混杂的沙粒，秃子老二的痢痢头上长出了黑乌乌的头发，歪嘴斜眼的丑女儿变得鲜若桃花……这就是白鹿原。”

正是白鹿原的这种精神气质，将使这本书流芳百世。

2016年5月于美国西雅图，载于《管理视野》第08期

生得偶然，死得孤单

《百年孤独》这部巨著，从我第一次翻开到今天全部读完，其中的间隔已有二十六年。刚开始的时候觉得看不懂，可能是因为故事太复杂，叙事方式太特别，书中人物的名字太长难以记忆，而且每个人的名字（一个家族中的）又如此相似，简直分不清谁是谁。到今年重新拿起来再读，慢慢地、细细地读，才发现其故事之精彩绝伦，同时也发现自己对书中的人物越来越熟悉，才越读越觉得有味道，直到放不下。深奥、神秘、虚无、孤独的主题通过四代人的故事传递出来，从那个名叫马孔多（Macondo）的虚构村庄，以及村庄里那个百年家族布恩迪亚（Buendia）的房子里散发出来。这四代人，每一位的骨子里都渗透了孤独，但是孤独的内容和形式却有相当大的差异。天才的孤独、性欲的孤独、爱的孤独、美的孤独、英雄的孤独、长寿的孤独、死亡的孤独，这四代人的生老病死，每一个都那么不同。而作者那行云流水般的文字让人觉得似乎每个人的故事他都可以看得清清楚楚，前后连贯（要把一百年的事情都连起来并不容易），人物关系始终不混乱（那些人物关系相当复杂，有隔代婚外子女等），而且又和历史重大事件关联（在战争连绵、政府频繁易主的年代），其中又充满了诡异和想象（比如连续四年一星期加两天天天下雨，之后又有十年不下雨），再加上那些魔幻的语言，难怪一开始把我看得云里雾里，让我怀疑自己的智力和理解力出了问题。所以今天读完全书，而且感觉通透彻悟，真可以算是一个不小的成就呢！

读完全书，我为作者的魔幻想象力和如数家珍般的流畅语言所彻底折服。马尔克斯怎么能一口气描述那么多细节，从一个人扯到另一个人，又从现在拉回到过去几十年间经历过的事情，感觉那么信手拈来，那么贴切自然。而且每个人的故事那么离奇，可是在他笔下又觉得必然要发生，完全没有胡编乱造的痕迹。经历百年孤独的那个主人公是书中活了一百二十多岁的乌尔苏拉，她是全家的总管，每个人的一言一行、一举一动都逃不过她的眼睛。但是在一百多岁她双目完全失明之后，反而觉得自己对每个人背后的行为动因“看得”更清楚了；仿佛失去了视力，才能更清晰地洞察人心。妙绝。而作者对马孔多村庄里每个人的本性、爱情、命运和死亡的描写，曲折生动、鞭辟入里，常在意料和想象之外，让人禁不住拍案叫绝。

马尔克斯对每个人的透彻理解和描述，让我感觉他自己好像是一个已经活了好几辈子的人，早就参透了人生的虚无和孤独。

他最拿手的是描述性欲、情欲和爱欲。在那个疯狂禁欲的年代，大多数人的孤独其实与性的孤独有关。从乌尔苏拉结婚时还穿着防身裤，前三年不准老公碰她，让他老公抓狂开始；到他们的女儿为了保持处女之身，长期克制自己的性欲，拒绝与自己的追求者结婚；到他们的儿子长期与情妇同居，让自己的妻子一直处于性孤独的状态；再到他们的孙女因反叛而放纵自己的性欲，但不久就被母亲截断，从此进入无性无欲的岁月；都可以归结为性的孤独。本书中更为蹊跷的是，布恩蒂亚这个家族的人常常会对自己家族中的异性生出强烈的爱欲，而因为乌尔苏拉长期以来警告家里的年轻人这种爱情的结果就是生出长着猪尾巴的婴儿，所以他们只能压抑自己的性欲，因此更加剧了他们性和爱上的孤独。

而书中对死亡的描述，则个个不同凡响。也许死亡是一个人最孤独的时刻，因此对死亡的刻画成为小说的重头戏。在小说的其中一章里，就出现了四个人死亡的情景。第一个死亡的是乌尔苏拉的儿子奥雷里亚诺·布恩迪亚——曾经威镇四海的上校。上校在叱咤风云时，由于政局变动，曾被关进监狱。可是因为其名震四方，因此有许多女人主动要求来监狱与之交媾，以得到他的后裔（哥伦比亚的这个习俗我以前从未听说过，不知是真是假）。多年之后，果真有 17 个男孩前来认父，这些孩子一看就知道是上校的儿子，连 DNA 检验都不需要，因为眉目神情和上校一模一样。上校解甲归田之后一蹶不振，每天以用金子铸造小金鱼为乐，小金鱼打造出来之后，卖给女人做首饰。当天卖不掉的他会将其融化，再重新铸造新的小金鱼，日复一日，年复一年，足不出户，孤独自在。一天之中，只有在大小便的时候上校才走出自己的小屋到院子里解决。在没有任何预兆的情况下，这一天上校照例去院子里的一棵大树下撒尿，结果这个曾有赫赫战功的男人，一头靠在树干上就死了。葬礼上，总统还发来了唁电。

第二个死亡的是乌尔苏拉的女儿阿玛兰妲。她在少女时代曾经疯狂地爱上了一个从意大利来到马孔多的会弹琴的小伙子，内心充满了对爱情的向往。虽然小伙子一开始并不爱她，可是她通过种种心理战术使小伙子对她发狂，后来果然达到了目的。小伙子向她求婚，她答应了。可是就在快要结婚的时候，她突然变卦，把内心的激情封闭起来，不再理睬这个小伙子。小伙子每天在她家门外弹琴，向她倾诉衷肠，但她却变成了铁石心肠，完全不为之所动，顽强维护自己的孤独。直到小伙子抑郁而死，她才大哭一场。从此以后，她也是闭门不出，每天以编织度日。若干年之后，另一个男人——上校的战友爱上了她，她也同样对他有炽热的爱情，但是在该男子提出结婚的请求时，她再一次拒绝了婚姻，保持自己的孤独和处女之身。就这样过了几十年之后，有一天她突然听到了神的昭示，知道自己的死期将至，就开始为那一天的到来编织寿衣。可是有意思的是，当时她的身体健康硬朗，无病无痛，而且起居饮食正常，就是在那样的年纪，一想到自己曾经经历的爱情，依然会像年轻时那样狂热。而且见到男人的身体，无论老少，她都会产生与性有关的念想。所以，当那一天到来，她向全村人宣布自己要死的时候，大家都以为她在胡说八道，但看她的神情，又完全没有开玩笑的意思。她要求每人给她写几句话，装在信封里，到时她会让这些文字在棺材里陪伴着自己离开人间。虽然不信，大家还是都写了，牧师还专门前来为她诵读了临终祈祷词。当这些仪式全部结束之后，奇妙的事情发生了，阿玛兰妲果真去世了，她安详地在棺材里闭上了眼睛，葬礼也如期顺利举行。

第三个是乌尔苏拉的孙女蕾梅黛丝的死亡。她是全村的美女，自然脱俗，从小如此。而且她不知道自己的美丽，也完全不知道有多少男性为她癫狂。蕾梅黛丝不习惯穿衣服，而是喜欢裸体。在房间里走来走去从不穿戴任何东西，而那一头长及膝盖的秀发又是那么迷人。特别有意思的是，乌尔苏拉很早就看出她的与众不同，尤其是她对男性的魔力，所以基本不允许她出门见外人。有几次大型的集体活动，才让她和其他女伴一起出门。更奇妙的是，蕾梅黛丝身体里有一种气味，只要她走过、路过、飘过之处，这种气味就会让男人神思恍惚。但她本人毫无知觉，而且对男人毫无兴趣，基本上没有任何性意识。有一次在餐馆里两个男人为她打架，她也不知就里。为了减少麻烦，她干脆把自己的头发剪掉，剃了光头。没想到就是光头的她，也是那么美不胜收，一颦一笑都叫人魂不守舍。蕾梅黛丝基本上就是中国古代神话中的仙女下凡。有一次她在自家房间里沐浴，抬头往屋顶上看时，突然看到上面有一双眼睛在注视着自己。她大为好奇，便和屋顶上的人对起话来。那个青年男子显然在偷窥她洗澡，为她美丽的胴体发疯，但她当然不知道，还对那个男子说，你在屋顶上要小心一点，千万不要乱动，因为屋顶多年失修，不牢固，而且与地面的距离很高，如果不小心掉下来的话，会没命的。男子听了之后，一激动，反而挪动了一下身体，没想到真的掉了下来，面部朝地活活摔死了。几天之后，雷梅黛丝光着身体独自走到庭院之中，院子里正晾着大块大块的彩色床单，她就在那些床单的包裹之下，升天而去。

第四个死亡的是乌尔苏拉的重孙女梅梅的男朋友巴比伦。梅梅从小乖巧听话，但是内心里却对其母亲的铁腕管理充满了反抗。母亲要她学习弹琴，一种 17 世纪的古琴，她虽然不愿意，但还是服从了，并且还拿到了专业演奏的证书。毕业之后，她就开始了社交生活，经常与朋友参加派对，跳舞酗酒。为了使母亲安心，她还是每天坚持弹奏两个小时的古琴。梅梅长相普通，但却非常热衷于打扮自己（与美女蕾梅黛丝完全相反）。有一次在酒吧遇到一个对她感兴趣的小伙子，叫巴比伦，曾经是她父亲的手下，她一开始有点矜持，但是母亲的严管反而让她产生了强烈的叛逆心理。他们一起外出吃饭、看电影，经过几次交往之后，她开始为他发狂，并产生了强烈的献身的愿望。没想到有一天她母亲去电影院，正好看到他们在那儿亲热。母亲大怒，下令让她与巴比伦断绝关系。梅梅不从。一个有趣的事实是，巴比伦不论去哪里，都会有一群淡黄色的蝴蝶在他前面开路。一般来说，只要看见那群黄色的蝴蝶，就可以预见巴比伦的存在。这一点曾经令梅梅惊讶不已。母亲看到女儿反抗，就决定把她反锁在家关禁闭，从此不准她出门。几个星期过去了，却没有大吵大闹。乌尔苏拉静听一切，发现梅梅每天都睡眠安详，没有焦躁的气息。但她也发现与往常在早上沐浴不同，梅梅每天傍晚时分才沐浴。她想到天色将暗时浴室里的蝎子会爬出来，就想警告梅梅。乌尔苏拉将此事告诉了梅梅的母亲之后，母亲就去浴室查看，结果发现有一大群黄蝴蝶在那儿起舞。母亲起了疑心，就对外宣称家里来了偷鸡贼，需要雇人抓贼。在这之后的一天，巴比伦在浴室里与梅梅做爱时被当作偷鸡贼一枪打中脊椎，从此瘫痪，卧床不起。巴比伦在被年轻时的记忆和一大群黄蝴蝶折磨数十年之后，孤独老死。

另一种被马尔克斯描写得很生动的孤独，就是思想、精神和灵魂的孤独。书中的第一个主人公何塞·阿尔卡奥·布恩迪亚，也就是创建马孔多这个村庄的人，对稀奇古怪的发明着迷，每当有吉普赛人进村给大家观看各种新奇物件时，他总是被吸引，并且倾其所有购买这些物件，然后潜心钻研各种看似有魔法的物件，直到后来发狂，独自在自己的小屋里钻研一张羊皮纸的卷宗，上面写着特殊的语言，却无法破译，发狂发癫。他在生命的最后若干年，每天被绑在院落中的栗子树下生活，在众目睽睽之下忍受日晒雨淋，由妻子乌尔苏拉每天端水送饭，并告诉他家里每个人的行踪。然后就是何塞和乌尔苏拉的儿子——那个经历了32场战争，打了32次败仗，政治抱负得不到施展的儿子，从监狱出来还乡之后与父亲一样，对世事不感兴趣，对男女之情也不感兴趣，只一味地躲在自己的小屋里钻研卷宗，不得其解，然后开始锻造小金鱼度日至死。再就是他们的一个孙子，手风琴拉得极好，并参加村庄里每一次的新潮活动。他和情人开了牧场，富裕之后买了火车，从此引来了外地人到马孔多开辟香蕉种植园，辉煌一时。后来他成为工会主席，为了给种植园的工人争取福利而集会游行，结果遭到政府的镇压，3 000多工人被屠杀。他从装满死人的火车里爬出来死里逃生，成为唯一的幸存者，但是政府却向老百姓宣称他们未杀一人，结果就是没人相信他的话，他被大家孤立了。他从此也是躲进小屋成一统，唯一的心愿就是不被活埋而死。

最后是他们的曾孙子奥雷里亚诺。他是梅梅的私生子，更是一个天生的孤独者，从小沉默寡言，嗜书如命，对那张写满神秘预言的羊皮纸卷宗像是一见如故，只喜欢一个人躲在小屋里着迷地钻研，并阅读百科全书，直到记住全部细节。他极度聪明，从书里了解到的知识可以使他在瞬间识破事物的真相，而且可以对自己从未游历过的地方熟悉得如同故乡。经过十几年的努力，他终于了解到羊皮纸上的语言系统。然而，自从他的阿姨（他以为是姐姐）从布鲁塞尔毕业带着新婚的老公回家之后，他的情欲突然被唤醒，之后就无可救药地疯狂爱上了她。无论如何克制，如何试图移情，都没有办法停止，他只能当面向她倾诉，并用野性的力量征服了她。最终，她的老公离开，并向他们送上了祝福。从此，他们沉迷在爱欲的海洋中，与外界完全隔绝，后来还生了孩子。果然如乌尔苏拉所预言的，婴儿的身体后面长着一条猪尾巴。“姐姐”产后大出血死去，他自己在癫狂慌乱之中发现放在篮子里的婴儿全身被红蚂蚁叮满，也奄奄一息，无可挽救。就在那一刻，他突然彻底破译了羊皮纸上的语言，原来第一行写的就是“此家族的第一个人与树相连，此家族的最后一个人被蚂蚁吞噬”（the first of the line is tied to a tree and the last is being eaten by the ants），他才突然明白原来羊皮纸上密密麻麻撰写的就是他们整个家族的故事，每个人的命运在一百年前就被写就，只是到他这里才破解出来而已。他再仔细阅读自己的身世（他只知道自己是捡来的），才了解到自己是在那个充满了蝎子和黄蝴蝶的淋浴间被赋予生命的，也才知道原来与自己疯狂相爱的人是自己的阿姨而不是姐姐。当他想要仔细去看自己的死亡时，却发现那一刻突然狂风大作，沙尘铺天盖地，他所在的那间房的几面墙被相继

Gabriel García Márquez
百年孤独
加西亚·马尔克斯 著

GABRIEL
GARCÍA MÁRQUEZ
WINNER of the NOBEL PRIZE
ONE HUNDRED YEARS
OF SOLITUDE
P.S.

Gabriel
Garcia
Marquez
One Hundred
Years of Solitude

吹倒，屋顶被掀起，而他自己也在风沙尘暴中飞起，飞向死亡。从此马孔多这个村子就从地球上消失，不复存在了。

《百年孤独》能获诺贝尔文学奖，算是实至名归。马尔克斯把人类的终极孤独刻画得如此赤裸、深刻、淋漓尽致。每个人都生得偶然，死得孤单。哭过、笑过、繁华过、落魄过、爱过、恨过，但到最后谁不是撒手西去、灰飞烟灭？而整个地球上的生命，包括地球本身，又何尝不是如此？也许马孔多就是这个地球村落的一个隐喻，它在太空中孤独旋转，等到有一天宇宙膨胀到极限时，也可能和书中的马孔多一样在顷刻间分崩离析。

如今马尔克斯已经离开人间，而他的预言又要到哪一天才会被人类真正理解？

2015 年 10 月于美国西雅图

迷思：
人生人死

有一种悲哀无法言说

——纪念梁觉

梁觉（Kwok Leung）就这样走了。在昏迷了两个多月之后，在那么多同事、朋友牵挂的眼神和虔诚的祈祷声中，悄悄地在这个 Memorial weekend（纪念日的周末），彻底告别了这个世界。

在惊闻他昏迷的消息时，我心里还是很有把握他会醒来，然后和我们一起嘲笑死亡的。他这么年轻，还有太多未竟、未了的事情和心愿。梁觉是香港中文大学管理学院的讲席教授，兼任《组织管理研究》（*Management and Organization Review*，MOR）的副主编，每天都需要审阅论文；就是这一期《组织行为和人类决策过程》（OBHDP）的中国特刊，他还担任特约主编，稿件尚未全部审定，正等待着他的阅读和裁定。更别提我们准备今年 6 月在南京召开的论文修改会议，也需要他的参与。梁觉，你怎么就可以如此潇洒地撒手西去了呢?

我突然被一种巨大的悲哀笼罩了，那种失去同事和朋友的无助与悲哀，从心底升起，渐渐弥漫全身。这种悲哀，痛哭不能，诉说不能，让我陷入空白混沌状态，质问生命的本真含义。

梁觉和我都曾经在伊利诺伊大学心理系就读，攻读硕士和博士学位。虽然他较我年长，先我十年毕业，但巧合的是我们竟然师从相同的教授——Harry Triandis 和 Sam Komorita。记得在我开始读博士感觉压力很大时，Komorita 总是跟我提起梁觉，说他是一个“在压力状态下达到最佳工作状态”的人，给我留下很深的印象。我毕业之后去香港科技大学任教，梁觉已经是香港中文大学心理系的主任，并创建了工业组织心理学专业。我在伊利诺伊大学的香港同学 Darius Chan 毕业后回香港中文大学工作，带我见了梁觉，那是我第一次见到他本人，当时没有深谈，印象中他很随和，对我说了一些鼓励的话。那天碰巧他太太 Yumi 也在，Yumi 是日本人，在伊利诺伊大学时与梁觉是同学，和他相恋，没有毕业就随他去了香港，相夫教子。之后又读了硕士学位，在香港的学校里教日语。

和梁觉有比较多的交往，是在中国管理研究国际学会（IACMR）成立之后。他先是担任学会期刊 MOR 的资深编辑，后来又担任副主编，还兼任过“中西方创造力”特刊的特约主编。创刊主编徐淑英卸任之后，梁觉就挑起了资深副主编的担子。我曾经担任 MOR 的顾问编辑，每年有一天的时间和其他编委会的成员一起开会，讨论期刊的发展。记得有一年我们在德州圣安东尼奥附近的一个马场开务虚会，那年 MOR 第一次有了影响因子（impact factor）的分数，而且分数很高，大家很兴奋，但也就期刊的名字中是否要加上“中国”二字争论激烈。休息时，发现娱乐室里有台球桌和乒乓球桌，我们几个爱打乒乓球的人手就发痒了。梁觉是其中一个，另外还有 Michael Morris 和陈昭权。我们打了很多个回合，我发现梁觉的球艺相当不错，球风也好。我们不分输赢，只是享受边打球边聊天的随意和乐趣。天黑之后我们一行围坐在篝火旁，看着满天的星星，又海阔天空地聊到午夜方散。

除了为 MOR 义务工作，梁觉还多次参与 IACMR 举办的管理研究方法培训班，担任导师工作。这个培训班每次前后四五天的时间，每天 12 个小时高强度的工作，起早摸黑，与中国多所大学的年轻教师、博士生一起讨论研究问题和研究方法，这些年来，为培养优秀的中国管理学者做出了巨大贡献。在这些培训班里，我们作为导师和筹办者，也常有交流和商榷；梁觉总是很随和，非常容易共事，从来没有任何架子。除了 IACMR，我们在美国管理学会的年会上也经常见面，既谈学术，也拉家常。梁觉从来都是十分放松、洒脱的样子，我至今回忆不起来他有过任何焦虑的症状。恰恰相反，我有一种感觉，他不仅擅长，而且从内心深处热爱做这些工作，所以总是能够举重若轻，游刃有余。也正因如此，我一直以为他应该是长寿之人。

但仔细回想起来，梁觉这些年所做的工作实在是太多了，而且大都是科研、教学之外的义务劳动。除了 IACMR，他还担任过国际冲突管理学会（International Association for Conflict Management，IACM）的会长，亚洲社会心理学学会的主席，全球顶尖期刊《国际商学期刊》（JIBS）的区域主编。记得我当时和李纾合作的一篇论文就是由梁觉主管的，他在整个过程中给我们的指导和要求使这篇论文的质量得到显著提高，最终得以发表。当然他也拒绝过我的投稿。几年下来，有一次他感慨地对我说，他已经把他的朋友都得罪得差不多了（因为 90% 的稿件都是被拒的），必须赶紧下台才是。而我看他从 JIBS 退下来，又从 IACMR 卸任之后，就邀请他加入 OBHDP 的编委会。因为我欣赏他的学术才能和做事风格，前年夏天更是邀请他担任 OBHDP 中国现象研究特刊的特约主编，因为这个特刊的特殊意义，他欣然应允。其实这无形中又给他增加了许多工作量，而我却不自知。

梁觉对学术的痴迷和执着从他发表的论文中可见一斑。有些学者在当上终身教授之后就开始从事学术之外的工作，而梁觉则是几十年来初心不改，一直孜孜不倦地开发新的研究课题（http://www.bschool.cuhk.edu.hk/index.php/faculty-staff/academic/management?pid=498&sid=770:Leung-Kwok）。有一次我们开完会之后一起去机场，他跟我说起自己曾经在登机口错过航班的故事。那次是和樊景立一起回香港，两个人坐在同一个登机口等飞机，闲来无事，就开始讨论起学术问题，结果一讨论就停不下来，完全沉浸在学术的氛围里，完全忘记了坐飞机的事，硬是把航班给错过了。我听了大笑，没想到世界上还真有这样的书呆子，而且就站在我的面前！

就是这种对于学术的痴迷精神，造就了梁觉在学术上的卓越贡献。他的贡献是多方面的。一方面是他自己的科研工作和书籍、论文，另一方面是他所承担的期刊编辑和学生培养工作。他早期的研究多专注于跨文化心理学，比较中美文化中个体的思维方式和行为方式的异同（比如在报酬分配上，美国人遵循公平原则，但是中国人要看情况：如果两人是朋友，而自己的贡献多于对方，则更愿意平分报酬，也就是说情愿自己吃点亏，当自己的贡献少于对方时，则按贡献分配报酬，也就是不愿占对方的便宜；但如果两人是陌生人，那就一切按贡献分配报酬）。中后期的研究一方面注重方法论本身（比如量表翻译概念对等如何测定），另一方面开始重视本土概念研究（比如他把中国人的和谐观分成两类：一类是表面上的和谐，另一类是本质上的和谐），同时还继续中外对比研究，特别是在创造力这个课题上。他带着自己的博士生一起做这些研究，这么多年下来，不仅学术成果累累，培养出来的学生也早已桃李满天下。

可就是以上这么多的工作，还都不是梁觉的正式工作！他几十年来的正式工作一直都是教授兼系主任，起先在香港中文大学心理系，之后又到香港城市大学营销系和管理系做系主任，去年才回到香港中文大学，去管理学院任讲席教授，不再担任行政职务，以便潜心做研究。唉，什么叫作“能者多劳”？什么叫作“学术超人”？梁觉就是一个典范。

然而，就如周杰伦在《超人不会飞》里面所唱的：

> 如果超人会飞，那就让我在空中停一停歇，
> 再次俯瞰这个世界，会让我觉得好一些；
> 拯救地球好累，虽然有些疲惫但我还是会，
> 不要问我哭过了没，因为超人不能流眼泪。

2014 年 8 月在瑞典的穆拉镇与梁觉等合影
（左起：梁觉、Arie Lewin、陈晓萍、Klaus Myer）

如今超人梁觉已经飞到了空中，在那儿俯瞰我们；也许他还是快乐的，因为他在有生之年尽了最大的努力，为社会、为他人贡献了自己的聪明才智，此生无憾；但是这也无法使我从巨大的悲伤中解脱出来。我找出他发给我的最后一封邮件，写于2015年3月5日11：35分，只有六个字母："Thanks。"梁觉，要说"谢"的应该是我！

谨以此文衷心感谢梁觉为华人心理学和中国管理研究做出的卓越贡献。梁觉安息！

2015年5月于美国西雅图

辟谷鱼

我家的鱼缸里游着两条鱼，一条是金鱼，另一条是白金鱼。

这两条鱼算是我家的宠物（pet）。两个女儿从小就吵着要宠物，一个喜欢马，另一个喜欢狗，但是因为我自己对所有带毛的动物天生过敏（具有恐惧心理大概是更合适的表述），就一直没有答应她们的要求。

后来我们灵机一动，觉得鱼是最理想的宠物，一方面是我自己喜欢鱼，不仅因为鱼是世界上最古老的生物之一，而且看到它们在水中能够自由自在地生活，特别羡慕（庄子的“子非鱼，安知鱼之乐?”深印我脑海中）。另一方面，鱼生活在自己的水世界里，并不需要人太多的照顾（尤其是不用给它们洗澡），每天只要给它们撒上一小把鱼食，然后每个月给它们换换水，基本上就解决问题了。在面对有宠物还是没宠物的选择上，两个女儿妥协了，于是我们买了鱼缸，安装完毕，就去宠物商店选鱼了。

最吸引我们的当然是那些漂亮的热带鱼了。热带鱼品种不少，色彩丰富，身上花纹的种类也很多。我们也看了其他的淡水鱼，品种不多，最便宜的就是那些普通金鱼了。

既然要养鱼，就要养比较漂亮的。于是我们兴致勃勃地买了六条热带鱼（个头不大，身上有黑色、金色的条纹，并有红色的斑点）回家，倒入鱼缸，又在鱼缸里加入了一些养热带鱼需要的成分，给鱼缸插上电源，抽水器便开始工作，水流潺潺，一缸死水就变成了活水。我们把鱼缸放在每天进出门都能看见的地方，很开心地欣赏它们美丽的身姿。

然而，没过几天，不幸的事情就发生了，女儿发现有一条鱼浮在水面上，一动不动。我们一看，这条鱼已经断了气，只能把它捞了出来。我们猜测可能是鱼食喂得不够，导致这条小鱼吃不着而饿死了。于是决定一天喂两次，以防类似事件再度发生。

可是坚持了没几天，第二条小鱼又光荣牺牲了。我们查阅了有关资料，还是无法分析出合理的原因，跑去宠物商店咨询，说是鱼缸里的水环境不适合热带鱼生长。在未来的几天里，不管我们如何呼唤、如何挽留，那些热带鱼还是一条一条接连死去，直到鱼缸完全空了为止。我们大家都伤心不已。

但是，我们养鱼的决心却没有因此而消失。吸取了上次的教训，我们这次决定买最容易养但长相最为普通的金鱼，并且决定再买六条，看看它们能活多长时间。

按照卖鱼者的指导，我们每天需要喂食两次，并保持鱼缸清洁（每月清理两三次）。我们购买了有关工具，就开始了养金鱼的历程。一个月过去了，一切正常。两个月过去了，六条鱼仍然健在。我们的心放下了，觉得金鱼确实好养多了。

从第三个月开始，不幸又降临了。先是一条金鱼肚皮朝天，接着是第二条、第三条、第四条。我们变得神经紧张，每天都不敢去看那个鱼缸。但有意思的是，从此之后，就再没有传来噩耗；相反，奇迹发生了。

那年夏天，我们全家要外出旅行，因为要离开两个星期，我们放心不下那两条幸存的金鱼，所以特意把照看金鱼的任务交给了我们邻居家的一个小女孩Josie。Josie家原来在英国，后来父亲来微软工作，全家就搬到了西雅图。Josie和我们的大女儿在一个学校上学，和我们比较熟悉。Josie高兴地答应了。两周后回到家，看到两条金鱼还是活蹦乱跳的样子，我们很高兴，送给Josie一件旗袍作为奖励。

第二年秋天，我去日本访学，我们全家决定一起去日本旅行。由于走得匆忙，竟然忘记托人照看金鱼了。秋天的日本枫叶红似火，银杏叶黄如金，美丽非凡。在京都的公园里，或者大阪的古堡里，或者奈良的古庙里，或者东京的街道上，我们都会突然想起那两条可怜的金鱼，不知道它们是否已经饿得奄奄一息，不省人（鱼）事了。

两周之后回到家，我们做的第一件事就是冲到鱼缸前喂鱼。怀着惴惴不安的心情，我们屏住呼吸，期望不要看到鱼肚皮朝天浮在水面上。令人吃惊的是，我们没有看到任何鱼的影子！再仔细张望，才发现两条鱼躲在岩石深处，一动不动。这起码说明它们还活着！我们打开鱼缸的盖子，撒下了一把鱼食。过了一会儿，可能是它们闻到了食物的气味，竟然摇摇晃晃地游上来吞食了。我们总算松了一口气！

接下来的那一年，以及那之后的每一年的冬天和夏天，我们全家都会出去旅行两个星期。经过那一次，我们知道在两个星期的范围内，不给金鱼喂食它们也能够生存，并且这基本上已经成为一个可靠的事实。我们从此不再找人照看金鱼了。

有意思的是，从去年开始，其中的一条金鱼身上的颜色开始褪却，越来越淡，直至变成白金色。查询原因，据说这条鱼是得了一种病，造成鱼鳞变色，其余没有大碍。我们也发现，那条没有褪色的金鱼长得更为丰满，而白金色的鱼依然苗条。

今年夏天，我们总共离开了三个星期，心情不免又有些紧张。令人吃惊的是，回家一看，这两条金鱼依然故我，一金一白，在水里自由自在地游动着。

在我习道之后，才明白我们“饿”鱼的方法，与人的辟谷其实有异曲同工之妙。这两条金鱼因此被命名为“辟谷鱼”。我相信它们比那些每天吃饱了的金鱼会更健康、更长寿。

2014 年 10 月于美国西雅图

不食人间烟火：辟谷七日记

第一天

今天开始为期一周的辟谷。星期一本来就是我们的辟谷日，所以没有什么特别的。家里有很多水果、蔬菜可以吃：桃子、苹果、橘子、枣、葡萄、牛油果、黄瓜、萝卜、西红柿，还有很多果汁和蔬菜汁可以饮用，当然还有矿泉水。早上喝了半杯清椰汁、半杯草莓汁，一点儿也不饿。下午一点钟站桩（因为早上开了一个电话会议，没找到时间站），50 分钟后结束，之后吃了一个白桃和两个无花果，感觉相当饱，到晚上再吃两根黄瓜应该就差不多了。关键要看明后天的反应了。

这几天站桩到最后都会不自主地颤抖，我就顺其自然，等颤动停止后再进入功态，感受美妙无比、飘飘欲仙的状态，浑身的汗毛孔都被真气充满，麻酥酥的，宁静平和，好像再入一次时间的河流，既超脱又入世，自己在高空看自己，那样幸福饱满的感觉。

第二天

昨晚吃了一根半黄瓜和一大串绿葡萄，就再没有进食了。今早醒来的时候想起自己的梦，好像是在一个很大的学生食堂，我买了一些新鲜的鱼虾，让别人给我加工。

起来之后站桩，整个感觉与昨天相似，但想要收功时并没有颤抖，于是顺利收功，食气，总共50分钟。站桩时有少许杂念，想到“炼气化精”和“炼精化气”这两个词，觉得前者对身体更有益。比如我昨天一天没有吃饭，早上躺在床上时还略有饥饿感，但通过呼吸调整和站桩，不仅不再有饥饿感，而且还打了饱嗝，真的是炼气化精了呢！

10点半的时候喝了半杯清椰汁，吃了两颗小枣；然后到下午一点多吃了一个黄桃，喝了两杯白开水。现在肚子还感觉鼓鼓的，非常充实。

第三天

辟谷继续。昨晚吃了一根黄瓜、两颗枣和一些哈密瓜。整个晚上肚子都感觉很饱。睡到半夜醒了一次，之后就一直睡到早上9点。做了好几个梦，而且梦和梦之间还有关联，是连续下去的。记得比较清楚的是我和一群人在路上行走，一边走一边讲话，好像是要去大学的一个餐厅，但是要绕一大圈才能到。当时梦境中讲话的内容和声音都很清楚。可是走着走着天就下起了雨，我边上的那位带了伞，我们要一起撑伞行走，然后我对他说了一句话，就醒了。我喜欢睡觉的一个重要原因就是可以做梦，因此醒来的时候感觉很好。起床之后先淋浴，回复邮件，再站桩。

今天天气晴好，蓝天白云，湖面静谧，倒影清晰。我在落地窗前站定，闭上眼睛，让自己处于完全放松和安静的状态。数分钟后，抬起双臂，十指相对，双腿弯曲，进入功态，任由身体自行调节，真气缓缓升起，逐渐弥漫全身。几乎没有什么痛点，大脑皮层产生发热和麻的感觉，右肩颈处有少许紧迫感，但是不疼。

脑子里几乎没有杂念，只掠过“量子坍缩”和“量子纠缠”的字眼，这是我前段时间读朱清时先生写的关于量子力学的文章时记下的，那篇文章用通俗易懂的语言介绍了量子力学的精髓，那就是意识的存在及其对事物的影响。一个事件，在人们不去想它的时候可能处于一个模糊的状态，但是当人们对它动用意识的时候，其状态就可能改变（人的意识对外部客观世界的影响通过波函数的坍缩发生）。很神奇的理论和现象，在某种意义上可以解释心灵感应的存在，那就是所谓的“量子纠缠”，就是两个人的意识在纯粹的时候，可以穿越时空产生化学反应。在这个理论中，意识本身也有质，不再是虚无缥缈的东西。太有意思了。

50 分钟之后站桩完毕，其间食气两次，没有饥饿感。再接着工作，接近中午时喝了半杯清椰汁，吃了一个白桃、两颗小枣，感觉饱饱的。今天的辟谷看来也会相当容易。

第四天

早上再次醒来已经快 10 点钟了，感觉睡得比较透彻。虽然昨晚只吃了一根黄瓜、半根白萝卜、半个牛油果，肚子还是有点鼓鼓的。

起床之后，喝了一点白开水，又吃了一个白桃。这次的白桃个儿较大，也很甜，味道很好。接下来工作了一会儿，回复了邮件，等等。昨天修改完一篇论文，是有关众筹项目表现的激情效应的，很有意思。今天又有两篇新论文需要修改。

之后站桩 40 分钟，没有特别进入虚极状态，但是很宁静。听见非常细微的沙沙声，感觉像是雨点。睁眼一看，落地窗上果然有雨点出现了。昨晚的梦境浮现出来，好像有去餐馆吃烤牛排的情景，哈哈。

第五天

今天进入辟谷的第五天，感觉胃好像小了一些，但是不饿，很神奇。昨晚吃了一根黄瓜、一个白桃、少许哈密瓜，到今天中午就一直没有进食。

站桩 40 分钟，过程中几乎没有杂念，只有两个念头比较清晰，一个是对一篇论文其中一个论点的思考，另一个是对灵魂相撞的想象。我相信灵魂的存在，也相信灵魂可以相遇、相融。只是相撞的状态应该是电光火石，还是悄然无声呢？

收功时照旧食气，肚子不鼓了，但还是有饱腹感。头脑有点发热的感觉，很温暖。肩头和膝盖也有真气的热量。昨天一天完成了很多工作，今天继续努力。

睁开眼睛看到窗外的湖水和大树，突然发现那些树都在闪闪发光，有一层雪白的轮廓笼罩在它的周围。这几天站桩结束时都能看到大树发出来的光，特别有意思。光是能量的体现，在我自己绝对宁静、充满能量的时候，也能用肉眼看到大树内部发出的能量，很绝。是否像先前的佛祖，可以看见一杯清水里有万千条虫啊？用朱清时先生的话来说，一个人在禅定的时候就像超导体一样，所有的经络都通了，没有阻碍，因此能量的流动就非常自由无障碍，就能看见或听见常人看不见、听不见的东西，与宇宙相通了，哈哈！

第六天

辟谷进入第六天，感觉好像比昨天更好，一点也不饿、不饱，很正常的状态。昨天下午 4 点多的时候产生了饥饿感，接了女儿珊珊回家后就吃了一个桃子。晚上又吃了一根黄瓜、一个小牛油果和少许哈密瓜，后来就再没有进食。

今天是西雅图青少年交响乐团排练的第一天，送珊珊来到学校后查看了一遍微信，然后就开始站桩。这个学校的气场特别好，每次在这里站桩都很容易进入状态，宁静平和，身体中的能量节点一一打开，真气弥漫全身。沉浸在温暖的真气之中，实在是一种享受，我细细体会身体不同部分的感觉，只感到右肩颈处还有一点紧绷，其余部分都很松弛。膝盖虽然弯曲，但没有疼痛。40分钟后收功，立刻食气（虽然从昨晚到现在都未曾进食）。踮脚时十分稳当，收腹提肛也相当容易。现在觉得可能再自然辟谷一周也可行，只是不知道身体的营养会不会出问题。

想想也很有意思，身体这么快就适应了不吃饭的情况，肚子居然不饿，身体其余的精力和能量也并未减弱，我每天完成的工作数量和质量都与往常没有不同。更有意思的是，体重竟然也没有什么变化，只是肚子觉得轻松了一些。看来不食人间烟火的生活也是可以维系的；真是不尝试不知道，一尝试才知道身体的潜力有多大，着实令我吃惊。

站桩结束之后，虽然不饿，却还是吃了一个桃子，因为觉得比较渴。今天没有带饮料，矿泉水也留在车里了，幸亏带了桃子。排练结束后还要带珊珊去上小提琴课，回到家起码要在4点半之后了。

在我站桩的窗边，是中学的科学实验室。我看到门口贴着几张纸，上面写着“科学的五大价值观”，体现出美国中学教育学生对待科学的理念。

第一条：质疑权威，不要因为某句话是某个人说的，就认为那句话一定正确，而要自己思考。

第二条：要质疑自己，不要相信自己想要相信的东西。

第三条：要通过观察和实验搜集证据，如果证据表明自己原来的想法错了，就认错，然后继续往前探索。

第四条：依靠证据推论。假如没有证据，不要轻易做判断。

第五条：记住，你自己也会犯错误。即使最伟大的科学家如牛顿、爱因斯坦，也都犯过错误。

第七天

今天是星期天，进入辟谷的最后一天。早上醒来时觉得胃部很舒服，既不饿也不饱，好像已经完全习惯不吃饭的状态。昨天下午小提琴课结束后，在车上吃了一个桃子，晚上吃了一个番茄、一个牛油果、少许哈密瓜，之后就再也没有进食了。

起来淋浴之后，工作了一会儿，然后站桩。珊珊正在弹钢琴（是李斯特和斯卡拉蒂的曲子），我在她的练琴声中静立，头脑中所有的注意力都被琴声吸引过去，杂念就是想飞也飞不过来，感觉美妙。落地窗外烟雨蒙蒙的样子，我闭上眼睛，沉入完全自我的境界之中。50分钟收功，浑身火热，依然食气。看来现在自己炼气化精的本领越来越好了。而且我还注意到另一个现象，那就是当我不在练功状态而觉得肚子有点饿的时候，如果当时并没有进食，过一会儿胃也会打饱嗝，说明它自己有能力“化气为精”了，哈哈。

睁眼再看外面的湖和树的时候，树的轮廓又开始发光了。真想把它们画出来，让看不见光的人也能看见。

2015 年 10 月于美国西雅图

千吻之深：
破碎世界里的孤绝诗人

第一次听莱昂纳德·科恩（Lenard Cohen）的歌，是在刚刚得知他离世的消息时。在网上读到几篇纪念他的文章，突然间就觉得想听一听他的歌。

打开 Spotify，发现他的专辑已经被放到了首页。点击打开，戴上耳机，那个苍凉、沙哑但又极富穿透力的声音立刻就充满了我的耳朵。他那种半说半唱、简单音乐加上女生伴唱的风格，与多数的歌手都很不一样。当然最特别的是他的声音，那么苍老又那么纯粹深厚；还有他的歌词，几乎有直击灵魂的力量，立刻就把我吸引住了，让我欲罢不能。在黑暗之中，闭上眼睛，戴着耳机，一下就沉浸在他所刻画和营造的世界里。本来打算就听两首，结果不知不觉就把所有的歌都听了一遍，居然还没有厌倦的感觉，可谓神奇。

之后又去查了他的生平，才发现原来科恩有着如此丰富的生活阅历，但又总是有局外人的体验，时刻感到世界的破碎和上帝的无奈。难怪他把孤独的感觉写进了几乎每一首歌中，他是在宗教和破碎的世界里寻觅、体验、思考生命和死亡的意义。他出生于犹太家庭，从十四岁就开始写诗和小说，到二十岁已经出版了若干本诗集，并得过大奖。接着他又唱歌、录音、巡回演出，并继续写书。在抵达成功的高峰时，又突然决定隐去，抛开一切，离开喧嚣的尘世上山禅修。整整五年之后，觉得禅修也无法回答他对生命的疑问，于是又决定重返尘世，更投入地写歌、演唱、创作。在年过七十之后，科恩在艺术上的造诣反而达到更高境界。就在离世之前的一个月，他还出版了新专辑《你想让它更黑暗》(*You Want It Darker*)，可谓绝唱。

科恩以情歌圣人闻名，最著名的大概要算《我是你的男人》(*I'm Your Man*) 了。

如果你想要一个爱人，

我愿意为你做任何事；

如果你想要不一样的爱情，

我愿意为你戴上面具。

如果你想要一个伴侣，

请抓住我的手；

如果你想要发怒打人，

我就站在这里任你锤炼，

我是你的男人。

他这样唱道：

我会爬向你啊宝贝，

我会拜倒在你的脚下，

我会为你的美丽嚎叫，

如同被热浪冲击的狗狗一样狂吠不止。

我会在你的心里留下抓痕，

我会在你的床单上流下眼泪，

我会说请你请你，

把我当作你的男人。

但在他的情歌里，也常常有宗教和灵魂的内容。比如那首给他的歌唱事业带来巨大转机的《苏珊》（*Suzanne*），讲述的是一个名叫苏珊的女子如何将他领向生命之河，而他将自己完全交付于她，就像他把自己交付于上帝一样。他在第一段写苏珊，第二段写上帝，第三段再写苏珊，把二者结合起来。歌词通俗易懂，却又寓意深刻。

《千吻之深》（*A Thousand Kisses Deep*）是另一首著名的情歌。歌词也是意味深长：

你天天过着日子，

仿佛生活就是真实，

千吻之深。

你失去把握，

滑落进名画之中；

而我有长路要行，

千金一诺。

你可以扔掉一切，

以求生存，

千吻之深。

午夜漫漫，

悲伤而温柔的人儿，

让我们把心拾起、上路，

千吻之深。

科恩前前后后痴迷于佛教禅修40年，是因与一位禅师的深交。除了在那五年他全身心地拜师于这位禅师的名下之外，在不完全脱离尘世的时间里，他也自修佛学。当然他自嘲无法企及无我的状态，就是在打坐修禅时也不能安静，还会有强烈的情绪。但是在我看来，他其实在灵魂深处已经修炼有素，无意中可以达到通灵的状态。最奇妙的是，他与第一任妻子在结婚十几年后离婚，但两人其实彼此渗透，灵魂已经不可分离。在数十年之后她病重（白血病）离开人世之前，科恩写了几句话，意思是她可以放心离去，但是在走之前应该伸出手臂，抓住他的手，因为他会紧随而去。虽然这些话只是他写给自己的，可是在前妻临终时，医护人员却看见她面带微笑，伸出了手臂，好像要去抓另一只手臂的样子。这样的意识交融和默契，也许只有量子科学才能解释。

再说他去世之前出版的新专辑，在那首《你想让它更黑暗》里面，他反复唱道：我已经准备好了，我的上帝；我已经准备好了，我的上帝（I’m ready, my lord；I’m ready, my lord）。其实就是坦然地对上帝说，是收他回去的时候了，他已经准备就绪，可以到更黑暗的地方去休息，因为：

尘世间就是燃尽百万支蜡烛，
希望也不一定随之而来，
故事里即使有爱情，
故事也可能照样平凡。
而痛苦，
痛苦也可以有自己的音乐摇篮。
所以就让我们掐灭火焰，
去到更黑暗的地方吧，

在那儿可以得到真正的平安。

可以预料到自己的死期，而且平静悠然地面对，应该是有佛性的人才有的感知吧。在前妻离世三个月之后，他果然“抓住”了她的手臂，与她在另一个世界团聚。

斯人已去，其歌永存。

2016年12月于美国西雅图

人生的前后呼应

我是一个能够记起久远的事的人。最早的记忆大概可以追溯到自己蹒跚学步的时候。记得是在奶奶家老屋前面的天井里，一边是半蹲着的父亲，另一边是蹲着的母亲，而我从父亲的双臂里挤出来，摇摇晃晃半走半跑地迅速冲向在对面等候的母亲的怀里，满满一个拥抱。然后我又从母亲的手臂里挣脱出来，再奔向在另一边张开双臂的父亲的怀里。这个记忆之后，就到了我自己可以独立行走的年龄了。

父亲在两个月前突然脑出血，半身不能动弹。幸亏送医及时，身体恢复了知觉。可是要独立行走却非常困难，需要较大强度的康复治疗，特别需要他自身战胜恐惧，敢于站起来走动才行。当妹妹来信告知父亲只能坐轮椅靠别人推动才能行动的时候，我的心情极其沉重和郁闷。猛然间往事就如潮水一般袭来，从小到大父亲对我的关照、爱护和教诲一一浮现出来。

其实在上初中以前，我和父亲的交往极其有限，因为当时的浙江美院从杭州搬到了桐庐，父亲也跟着一起去干革命了。我和妹妹与奶奶同住，平时见不到父母。小时候印象最深的就是父亲带我去医院看牙。那时我痴迷于糖果饼干，吃得满口蛀牙，经常要去拔牙、做治疗之类的。可能是因为公费医疗是在父亲的名下，所以需要他陪着我去。另外印象深刻的，就是父亲带我去看电影，好像经常是在当时的杭州工人文化宫（官巷口）和杭州人民大会堂（湖滨）两个影院，都离我家不太远，有不少还是国外的片子。隐约记得那些电影票都是美院发的，大概只有两张，母亲不感兴趣，就轮到我了。也许童年时的这一经历，造就了我长大之后对电影的强烈热爱，至今不减。

还有一个让我记忆犹新的细节，就是父亲教我学骑自行车。当时的学法是，要学会骑车，首先要学会“趟”，就是一只脚先踩在脚踏板上，用力踩几下推着车前行，然后让另一只脚离地，把整个身体的重量都压在那一只脚踏板上面，保持自行车继续直行。这时要把稳龙头并不那么容易，经常一不留神，自行车就倒了下来，有时朝外面倒下，人就会摔得不轻。我这个人可能平衡能力较差，就是这个“趟”，学了两个星期都没有学会，而且每次都是父亲跟着我在后面跑，以便在我快要摔倒时可以扶住自行车，免除我的皮肉之痛。那时在我家对面的柳浪闻莺公园有一个旱冰场，我们经常等到营业时间过了之后，去借用场地练车。那样一圈一圈跑下来，常常把父亲累得气喘吁吁的。还记得有几次在我的车失去平衡，快要倒下来的时候，父亲未能及时扶住（惯性太大)，结果自己也被带倒了。即使如此，他也从来没有责骂过我一句，依然不屈不挠地陪着我练车，直到我可以顺利跨上自行车稳稳当当地骑起来为止。

而如今父亲竟然又回到了需要重新学步的阶段，令我唏嘘不已。人生就是这样前后呼应的？在始和终之间究竟有怎样的界限？抑或人生就是一个圆，无始无终，或者始终如一？

令我欣喜的是，一周之后妹妹报告说，在医生、家人的鼓励和搀扶之下，父亲可以扶着栏杆或墙壁缓步走动了。又过了一周，父亲可以自己单独走上十几步了。我的脑海中迅速回现自己婴孩时代在父母中间学步的镜头，不禁默默地微笑了。

人生本如是，应作如是观。

2016年11月于美国西雅图

旅行：
看世界观内心

为什么旅行？矫正对世界的感知

我们都知道，在自然科学里，对于任何一条公理和定律，假如我们能够找出一个反例，那么这条公理或定律就不再正确。但是在人文社会科学中，对于任何一个理论，都可以找到相反的事例加以反驳。但我们并不因此就急于推翻某个理论，这是因为人和世界的复杂性及多变性不是用若干个理论就可以诠释全面的。为了更准确地理解人和社会，就需要我们不断变换角度和切入点对社会进行新的观察和思考。我认为，旅行就可以起到这个作用，帮助我们超越二手资料及现有理论的局限，对我们生活的世界产生更深入细致的直接体会和感知。

今年年初我第一次去阿拉伯国家旅行，就受到相当大的冲击。在美国，虽然人口多元化程度很高，但是由于近年来恐怖主义的威胁、新闻媒体连篇累牍的报道，在一般大众的心目中，那些身穿白袍、头戴/缠白布的男子多少都沾上了一点恐怖分子的味道，看见他们总是心存疑惑、避而远之。此外，对于来自伊斯兰国家的妇女，她们一袭黑袍、头脸（除了眼睛）都用黑布包起来的形象，也让许多人感觉压抑、不敢接近，并认为那只是由于阿拉伯妇女大多信仰伊斯兰教，受到伊斯兰教规的束缚，没有自由，为她们感到悲哀。可是，我在迪拜、阿布扎比，甚至在埃及的开罗看到如此装束的男女比比皆是，他们很自在，也很自然，表情祥和快乐，看见我的时候非常友好，有时还要求和我合影（可能是亚洲人很少在此旅行的缘故），我的紧张有所缓解。而之后的一顿文化晚餐，则彻底颠覆了我原先对阿拉伯人着装的认知。

和我们聚餐交流的代表名叫 Yasef，是迪拜本地人。他个子高高的，五官端正，皮肤白皙，黑色头发，上唇留着胡须，全身白袍加头饰，标准阿拉伯人装扮。他曾在美国北卡罗来纳大学留学四年，英语流利，熟知美国当代的流行文化。他毕业之后经商若干年，最后决定成立文化咨询公司，搭建跨文化交流的桥梁。我们一行人按阿拉伯人吃晚餐的方式席地而坐，他一进来，就问我们他看上去是否像一个典型的恐怖分子，我们笑而不答。他就从自己的头饰开始，将这副装束在阿拉伯沙漠中的实用功能，为什么流行开来又流传下来，一直演化到今天的历史娓娓道来，听起来具有相当的说服力。然后他话锋一转，问我们为什么阿拉伯女性的装束是黑色的，而且头部的配件比男性的更多、更复杂？看我们沉默不语，他直接就把我们心里想的话说出来了，那就是伊斯兰文化对妇女的压迫和歧视的结果。接着，他从包里拿出一套女装，让我们一行人中的一位女教授自愿去体验一下穿这套衣服的感觉。这位女教授身材高挑，眉清目秀。她试着换上黑色的面纱和长袍，并在Yasef的提问下，向我们描述自己的感觉。她发现，长袍和面纱、头饰的质地都很轻盈，而且长袍宽大通风，在热带穿黑色长袍反而比紧身短袖、短裤凉快，头巾和面纱能遮挡烈日，防晒还防尘；更重要的是，与权利被剥夺及不自由的感觉恰恰相反，穿戴上长袍、头巾，依然可以清晰地观察别人，而别人却看不清自己，反而有进退自如、自己在暗处别人在明处的特别优越

感。原来并不是所有的阿拉伯妇女穿戴长袍、头巾都是被逼的啊。

今年5月，我第一次到非洲南部旅行。从书本上读到的非洲，贫穷落后，连年战争、杀戮，野蛮不堪。但是在纳米比亚走了一圈，才发现虽然战争和杀戮确实构成其历史的一部分，但其城市的建设、旅游资源的开发和服务，以及居民的素质，都超过我的预期，而且不止超过一点点。我们主要考察了两个城市：海鲸湾边上的斯瓦科普蒙德和首都温得和克。这两个城市的建筑有相当的德国遗风，可以清楚地看到德国人在殖民期间留下的痕迹。教堂、城堡、火车站、居民住宅，无不如此。而且在某些小镇，居民的穿着打扮、行为举止至今还保留着德国人19世纪的风格，古典文雅，彬彬有礼。如果我不知道自己是在纳米比亚的话，仅从城市的外观来审视，还以为自己是在欧洲的某个小镇呢。更有意思的是，纳米比亚在1990年从南非的统治下独立出来之时，需要确定国家的官方语言，德语曾受到很多人的拥戴（纳米比亚的不同部落有自己的语言，包括德语在内共有12种语言），但最后基于种种考虑，确定英语为官方语言。不过不少人抱怨，英语与纳米比亚人民既无语言上的联系，也无历史和感情上的联系，还不如德语。现在大街上的地名、街名都用英语，但有些牌子上显然是既有英语又有德语。其实德国人在纳米比亚总共也只统治了30年，留下的影响却不容忽视，让我看到殖民者也并非全是凶神恶煞的嘴脸，在某种意义上，其是否也有推动人类文明进步的一面呢？

当然，感受最强烈的是在南非约翰内斯堡参观种族隔离博物馆的时候。这个博物馆设计巧妙，销售门票的时候就随机地把参观者贴上“白人”或“非白人”的标签。两类参观者各自从不同的铁门进去，使其身临其境，重新进入当年种族隔离时的世界。作为“非白人”的我，进入铁门，就看到有许多牌子，不管是某条街、某个火车站还是某家医院，都挂着“白人请进”“非白人勿进”的警示牌，被歧视的感觉扑面而来。在铁栏杆的后面，立着被放大数倍的当时的身份证，每一张上面都明确标注了该人的“非白人”种族。非白人不准从政、不准经商，从政治和经济上被打入底层。当然，更不准与白人同学、同校、通婚。在美国社会连用“黑”这个字（N word）来称呼黑人都要受到大众以及媒体谴责的今天，真的难以想象所有以上对于非白人的公开歧视，都是写进南非的国家法律的，而且持续了45年之久！在此过程中，南非人民（90%以上是非白人）不断反抗、斗争，曼德拉就是其中的代表人物之一，但是该法律却被不断加强、细化。在博物馆一面巨大的黑墙上，关于种族隔离、歧视的法律条文的演变和修订过程被一一罗列出来，总共不下100条！我想象自己如果生活在当年的南非，究竟会是怎样的一个状况，内心又会受到怎样的煎熬。从一个角度来看，作为一个国家的公民，应该遵守国家的法律；但是，如果国家的法律不符合普世价值，侵犯了人的基本权利，我是应该遵从还是反抗呢？如果反抗，我可能会被关进监狱、身陷囹圄，甚至被杀头示众。如果不反抗，那就承受屈辱，苟且偷生。因此，在这种情形下，究竟是遵守法律的人是好公民，还是与法律抗争的人是好公民呢？这一点，站在南非这个国家外面做判断就比较容易，这就是当年世界上那么多国家拒绝与南非建立外交关系的原因，也是曼德拉能够荣获诺贝尔和平奖的原因。可是身在南非的人，身为南非公民的个体，要做出准确的判断就要困难很多。这里涉及两个问题：第一，如何判断由国家制定的某项法律是否具有“恶法”的性质？第二，在“恶法”面前，到底应该选择服从还是抗争？南非的历史使我开始重新认识法律和公民之间的关系。

因此，旅行是增加我们对世界的准确感知的一个重要渠道。通过旅行，不仅可以了解世界上其他人的生存状况、历史和文化，还可以让我们反观自己生活的社会和现实，并预见人类社会未来的发展趋势。

2016 年 5 月于迪拜—西雅图飞行途中，载于《管理视野》第 06 期

瑞典的森林

第一天（西雅图 —> 纽约 —> 斯德哥尔摩）

今天清早 4 点去机场，没有时间站桩。

飞机准时在纽瓦克自由国际机场降落，我在飞机场走了一会儿，没想到真发现了一个冥想的地方。看来美国的机场都设有“祷告 / 冥想”的房间，反映了其对各种宗教、精神活动的支持。虽然这个机场已经十分陈旧，但并不妨碍它设有这个房间，更别说纽约是“9・11”的重灾区，房间里供奉的台子上放着清真寺的穹顶和画像（我看不清是哪位神灵），显然是与伊斯兰教有关的。我进去的时候，里面已经有一个人在打坐，口中念念有词。我放下行李，脱掉高跟鞋，摆出站桩的姿势。不到一分钟，听到开门的声音，立刻感觉到外面世界的嘈杂。一位空姐进来，对着神像下跪，念念有词了两分钟，然后就拿起行李走了。

我闭目进入状态，让全身放松。冥想期间杂念不多，许多等待我要做的工作在脑海中一一飞过。前天新秘书上任，我买了一大盆兰花给她，欢迎她就职。她有许许多多的新工作需要学习、承担，任务不轻。今天我还得去学校处理一些事情，另有十几封拒稿信需要写，还要准备在瑞典的会议上演讲的文章。

昨天看到胡平写的一篇文章，首先是题目引起了我的注意——“他们活着离开人间”，这里的他们，指的是曾经登上月球的宇航员们。这些人回到地球后虽然成为人们心目中的英雄，但他们自己却从此变得比较沮丧、颓废。胡平的分析是，因为他们曾经活着离开地球这个人间，看到了凡人看不见的宇宙，从而感觉到个体的渺小和孤独，产生了一般人无法想象的空虚感，反而看不见生命 / 生活 / 生存的意义。

这使我想到有过濒死体验的人，被拯救回来之后也会有看破红尘的倾向，并觉得能够逝去也许也是一种幸福。郑伯谈到这个体验的时候我觉得心里发紧，但确实也使我有了看待人生的另一个视角。死亡并不可怕，只是肉体离开人间而已。而灵魂飞升得道成仙反而有可能是一种令人向往的幸福境界。呵呵，罗宾·威廉姆斯（Robin Williams）是否就是这样幸福地结束自己痛苦肉身（他患有毒品依赖症、帕金森氏症，外加抑郁症）之存在的呢?

突然想到，站桩冥想的时候其实是“在醒着的时候忘掉自己”啊，妙哉。

第二天（斯德哥尔摩）

飞机在清晨 7 点在斯德哥尔摩落地，现在在出租车上。斯德哥尔摩机场最大的特色是它的木板地，楼梯也是木质的，可见此地森林资源的丰富，似乎与华盛顿州相似。机场里静悄悄的，堆了很多无人领取的行李，有几百件之多。在飞机快降落的时候我拍了几张照片，俯视下去，其风景很美，有水，有树，有草坪，有精美的建筑，还有白云在轻轻地飘浮着。

俯瞰斯德哥尔摩

绿草如茵

到达酒店后立刻站桩。这家酒店（Hotel Mornington）地处市中心，但是就像居民楼一样混杂在一条窄窄的街道上，刚推门进去，还以为到了一家小书店，因为大堂里面的架子上全都放满了书。进屋之后，发现房间就像一间学生宿舍，一张单人床，一张书桌，一个小沙发和一个茶几。桌前、床头都有书架，而且上面也放满了书。大部分书都是瑞典语的，也有一些是英语的。

站桩 45 分钟收功之后，稍微整理了一下行李，洗澡，刷牙，然后下去吃早餐。餐厅里的墙上也有大片的书架，上面也都放满了书。这家酒店书香甚浓，令我陶醉。早餐也很丰富，我本来肚子不饿，但看到食物后还是禁不住拿了一些（比较特别的是各种

酒店大堂

酸奶和鹅肝，面包、奶酪也很好)。刚要找座位，就看到了陈昭全夫妇，他们已经吃得差不多了，一聊天，才知道他们已经来了两天，今天继续游历斯德哥尔摩。在他们的鼓动下，我决定与他们同行，去坐三个小时的观光游船。

第三天（斯德哥尔摩）

昨天上午 10 点半出发，结果到下午 6 点才回到酒店。已经疲惫不堪、饥肠辘辘，立刻吃了一个苹果。手机的电量已经耗

斯德哥尔摩城市港湾

尽，因为拍了太多照片。可是酒店竟然已经借罄所有的电源转换插座，我无法给手机充电，很沮丧。不到 8 点我就决定睡觉。床虽小，但是很软，尤其是枕头，又软又有弹性，特别舒服。

今早将近 7 点才醒过来，一算居然睡了 11 个小时，太棒了，让我心花怒放。

立即起床站桩，身体很快就热了。这里如此静谧，一点杂音都没有，连鸟鸣的声音都听不到。闭上眼睛专注于呼吸和身体，脑子里就浮现出昨天在船上、在港湾、在博物馆所见到的风景以及与昭全夫妇的谈话。那么美丽的一个下午！

北欧传统博物馆儿童馆的挂画

下图中的这把椅子记录了400年的进化过程。椅背上半部分是现代产物，下半部分生产于20世纪，椅垫的部分生产于18世纪，椅脚的中间部分生产于19世纪，椅脚则生产于17世纪。

博物馆大厅展厅里的海报

从博物馆出来沿着海湾的马路走回酒店，看到有一个教堂，教堂四周有铁栅栏做成的围墙，在栅栏上张贴着一些海报，大多是各种演出的节目预告。突然看到一张关于冥想的剧照，让

线条艺术展览

我很感兴趣，再仔细看，左右两位男士的冥想姿势，尤其是他们的手印，与我练静功时的一模一样。难道他们也从道教一派？

看来瑞典人也对冥想感兴趣，全世界的人都感觉压力太大，需要缓解？可是这个城市如此安谧、休闲，走到哪儿都静悄悄的，就是在海湾的街道上也听不到任何大声喧哗或高音喇叭。酒店附近有许多居民的公寓大楼，每一座都造得相当精美、结实，看上去都已有多年的历史，但又维护得非常好。

我出门没有带地图，一个人回来，记不清酒店所在的那条街名，当然迷失了一会儿，多走了好几条街，不过每一条都那么美丽整洁，就权当看风景了。后来看到一个骑自行车的长者，估计是本地居民，就问了一下路，老人很友好地告诉我酒店的方位，其实就在两条街之外。

第四天（斯德哥尔摩）

今天吃早饭的时候在餐厅遇到同来参会的同事：Michael Bond，Dave Whetten，John Child，Gordon Redding，Larry Farh，还有梁觉，大部分都带了家属。结果就在餐厅聊了很久。与这些富有智慧的人在一起交流，真算是一件乐事。

回到房间后开始工作，一口气写了15封拒稿信，一看时间，已经快6点了，到了吃晚餐的时间，下楼，见到更多的同事和家属。大家一起坐上大巴，去附近的一个瑞典最古老的高尔夫俱乐部聚餐。斯德哥尔摩商学院的院长、副院长都来了，很低调，吃的是自助餐。回到酒店已近10点。

第五、六天（穆拉，瑞典的森林）

今天全体坐大巴去瑞典的穆拉。穆拉离斯德哥尔摩大约有 5 个小时的车程，那儿基本都是森林、湖泊、农场、牧场。冬天的时候是滑雪胜地。全世界著名的全长 90 公里的瓦蒂滑雪赛就在那儿举行。

我们住在森林中的小木屋里，那儿没有电话也没有网络，基本与世隔绝。想起村上春树写的小说《挪威的森林》，突然就觉得应该叫“瑞典的森林”才更贴切。

在穆拉的这两天我觉得无比的困倦，经常想睡觉。但是小木屋里没有叫醒服务，我的电话又没有合适的充电器，因此只能在心里默默告诉自己要在适当的时间醒来。好在心理上的暗示

森林中的小木屋

还算管用，每天都按时醒来了。但因为困倦，我也无法提前太多起来。

这两天的活动十分丰富，两个 CEO 来介绍他们公司的情况，一家是生产高端自来水龙头的，一家是木业公司。本地的市长也来了，先致欢迎词。有意思的是，这位低调的市长一上来就说他是被任命的，而不是被普选出来的。

这两个 CEO 也相当低调，认真介绍自己的公司。两个公司都历史悠久，非常有特色，并且在中国都有业务。有趣的是，高端水龙头以其独特的现代前卫设计出名，在中国曾经设立了加工厂，但后来因为中国的劳动力市场费用增加，且其制造量又不大，于是决定把所有的制造全部搬回瑞典，当时在本地也算是新闻。这家公司原先由两兄弟创立，过程之中反目，分成两家公司，彼此只相距 200 米，但生产的产品和公司文化却渐行渐远了。但是，去年两家公司又决定合并（共同面对国际竞争），并创立新品牌（正应验了中国“合久必分，分久必合”的老话），CEO 因此面对整合公司文化的艰巨任务。最近公司为了吸引优秀人才，又决定把在穆拉的总部（已有近百年的历史）搬去斯德哥尔摩。

那家木业公司的历史、现在和未来都相当令人耳目一新。他们对瑞典森林资源的规划、使用和保护都走在前面。瑞典的森林资源在过去几十年中不是在减少，而是每年都在增加。他们需要每年多砍伐一些才能维持平衡，所以瑞典机场的地面等就用地板铺成（这里的木头非常便宜）。

瑞典木业公司的运作与其他国家不同，由于所有森林资源都属于个人所有，都是私有财产，因此，公司要伐木，就必须征得拥有者的同意，并且制定种植新树苗的规划。一棵松树或杉树的树龄在 150 年左右，因此这个规划就需要非常长远。为了保护森林资源，在每一片森林中，需要有不同树龄的树，这样才能承上启下，也能预防虫害。对砍伐下来的木材，公司希望把它们制作成不同的产品，如木板、地板，甚至家具，等等。公司目前主要的市场是在北欧，他们很希望能进入中国市场。

另外一项业务是废物利用，为城市和乡村供暖。公司建立了大型的焚烧垃圾、木料（边角料）的设施，并通过由燃烧释放的二氧化碳为森林提供资源，使森林能够健康成长。非常有趣的是，目前瑞典每年的二氧化碳排放总量（60 亿立方米）只是森林吸进总量的一半，因此，那儿的空气质量非常好。

我还注意到在整个介绍过程中，市长和两个 CEO 一直都没有离开，每个人都耐心 / 虚心地聆听，这与在美国的情况相当不同。有一个 CEO 还留下来和我们共进午餐。

瑞典的食品相对比较简单，也并不十分美味。不过他们的面包很好吃，各种沙拉也相当不错。

我们后来又听了负责瓦萨滑雪赛的 Anders 给我们介绍这个著

名的滑雪比赛的历史。Anders 所在的是一个非营利组织，已经存在 90 多年了。从 1922 年开始，每年参加比赛的人数不断增加，从最初的 400 多人增加到今天的 15 000 人，而且每次比赛注册的网站一开放，在两分钟之内票就售罄。这个组织在过去 90 年的演化过程中，不断开发新的体育运动项目，冬季除了这个最经典的大型比赛之外，还有女子滑雪比赛、儿童滑雪比赛等。此外还开发了夏季项目，如自行车越野比赛、竞走比赛（马拉松的两倍距离），等等，每次票也是三天就卖完了。

Anders 给我们放了一个简单的录像，是 1922 年拍的一部小电影，展现了当时比赛的情景。影片是黑白的，充分展现了这项体育运动的历史轨迹。加入历史的元素，这个项目一下子就有了比普通比赛更有意义的地方，仿佛沿着先辈的足迹，自己也就走进并创造了历史。历史的典故来自瑞典的创国国王瓦萨，1520 年，年轻的瓦萨跟随他父亲前去参加一个与挪威、芬兰皇家贵族的晚宴，没想到是个鸿门宴，血溅城门。那天瓦萨父子迟到了，发现城中短兵相接，赶紧逃走，不幸的是其父被擒。瓦萨连夜狂奔，就是在这条长度为 90 公里的穆拉 – 索尔纳的雪道上。在穆拉的乡亲们的帮助下，瓦萨后来重振旗鼓，推翻了皇朝，建立了瑞典共和国。我们由此看到了历史的传承，那条雪道近百年来没有变，比赛的终点站没有变，连终点站的那块牌子和上面写的字都没有变，可是比赛的形式已经与时俱进地到了互联网时代。

还有一个很有意思的地方是这家非营利组织的运作都靠志愿者，每年15 000人的比赛场面如此盛大，需要用人的地方之多简直是令人难以想象。他们长期以来之所以能够维持，是因为得到个人、各种俱乐部的成员（尤其是学生）、地方老百姓常年的支持。志愿者源源不断，大家争先恐后地报名，就是因为对这项活动的历史意义的认同。

此外，令我惊讶的是，举行这么大规模，而且又有相当的危险系数（滑雪受伤的事是经常发生的）的活动，他们竟然完全没有一套系统性的急救措施和计划，都是碰到问题当时解决。这样的管理方式与美国的截然不同，非常“瑞典”，有道家风范！当然，这么多年来，好像还真没有出过什么大不了的事故！

傍晚去参观了安德斯·佐恩博物馆。安德斯·佐恩是瑞典最著名的画家，擅画人体，曾经被邀请为三位美国总统画像。这个博物馆就是他和妻子生前的住宅，在妻子去世之前捐献给了国家。这个佐恩多才多艺，除了绘画，也做雕刻，还收藏了伦勃朗的很多铅笔画素描。他的妻子是其创作的灵感来源。

紧张的讨论一天之后去一个奶牛牧场参观。这家牧场是由一对夫妇开的，两个儿子帮忙打理。丈夫原来是电脑工程师，妻子是农业大学的教师，七年前决定辞职自己办牧场。现在拥有七十多头奶牛和一些自动化挤奶设备。我是第一次看见机器挤奶，非

佐恩（自画像）

佐恩的妻子艾玛·佐恩

出水女神（三位女性的综合体）

森林湖泊

通天栈桥

常富有智慧。它会先寻找奶头，找到后把它洗干净，然后再把一根管子对准奶头插上去。之后给奶部按摩，奶水就源源不断地流出来，据说一头牛一次可以挤出25升牛奶，令人惊叹。那些牛自己排着队走到机器前面，不需要人管理。看来它们都很享受被挤的过程。

除了生产牛奶之外，这家人还自制奶酪、酸奶等食品。他们很好客，拿出很多样品请我们品尝。三种奶酪的味道都相当好，大家吃个不停。

离开农场后，我们去湖边俱乐部参加晚宴，吃小龙虾。据说这是瑞典人的传统，在这个季节边吃边哭，哀嚎夏日的逝去。湖边风景美丽，空气清新凉爽。

第七天（穆拉 —> 斯德哥尔摩）

我休息了一下，决定再到城里去走一圈，特别是古城的部分。这次我还是没带地图，但是因为上次犯了一些错误，反而更有信心了。这次走的路线不同，我发现了好几个城市街心公园，还找到了火车站，更花了一些时间在教堂里，观赏其建筑的神圣。在欧洲走过那么多城市，觉得自己特别喜欢他们的教堂，每一座都精致、有历史、有艺术，当然更有灵魂。在距离酒店最近的那个教堂里还有钢琴演奏，那位女士技艺精湛，非常投入。另一座教堂里有一位弹吉他的歌手在教大家唱瑞典歌，是为所有人

酒店油画

（各族人民）祈福的。另有两座教堂里面正在举行仪式，不对外开放，很可惜。

晚上与大家一起去中餐馆吃饭，了解到 Tony（这次会议的组织者）及其家人的故事，很有意思。他小时候打乒乓球，进了少体校，后来没有去省队，而是考了大学，进了上海交通大学学习船舶专业。他的太太和他同班，是班里为数不多的几个女生之一。他后来来瑞典读书，是亲戚做的担保，而那个亲戚就是中国香港著名的实业家田家炳先生。现在他已经在瑞典生活了 23 年，加入了瑞典国籍，在此生活得如鱼得水，与企业界和政府的人都保持着较好的关系。他有两个孩子，大的（女儿）在旧金山读书、工作，小的（儿子）正在读高中，明年上大学。女儿是泳装设计师，自己还开了公司（To Die For），每天都有不少的业务。儿子弹得一手好钢琴，准备上音乐学院。他这次也为我们表演了，很大方，也很随和。太太贤惠美丽，

街心花园中的爱情

教堂里的琴声

教堂之外

古巷深深

在爱立信公司工作了 14 年，最近决定辞职自己创业。爱立信给了她两年的善后工资，在美国从没听说能给这么长时间的遣散费。

第八、九、十天（西雅图）

今天一早就醒了，立即起床站桩，面对青山大湖，脑子里突然浮现出昨晚那个滚圆的金红色的落日，那么圆、那么美，缓缓下沉到山的背后。西雅图的夏天啊，美不胜收。

进入冥想状态之后 10 分钟左右，全身就热起来，显然丹田的真气启动了。15 分钟食气一次，30 分钟又一次，那时身上的热量已经有向四周发散的迹象。毛孔都张开了，杂念一一闪过，有需要改写的论文，系里招聘的事情，要写的推荐信，OBHDP 要做的特刊，开学要做的准备，要回复的邮件，等等。我没有让这些杂念停留，而是专注于自己的呼吸，吸—静—呼—松，整体意识、良性意识、颤抖意识。

“颤抖意识”四个字让我突然想起昨天看到写纪德小说《窄门》的那篇文章，作者说到歌德在《浮士德》里面的一句话：“颤抖是人类最好的部分。”我的思绪飘起来，就想到人在什么时候会颤抖：哭的时候、笑的时候、生气厉害的时候、心痛的时候，或者做爱到高潮的时候。当然，我现在知道人在全身心放松，任由真气在体内自由穿行的时候，也可能颤抖。而最让我着迷的是颤抖结束的时候，那时人特别容易进入异常宁静的状态，仿佛一切都停止了，身体可以漂浮起来进入仙境一般。歌德难道也有过类似的体验？

跟着杂念走得太远了，我把思绪收回来，专注于呼吸。然后耳边就响起周杰伦《情绪零碎》这首歌的音乐和歌词：

我不落泪
忍住感觉
分手在起风这个季节
哭久了会累也只是别人的感觉
冷的咖啡
我清醒着一再续杯

我落泪
情绪零碎
你的世界一幕幕纷飞
门外的蔷薇带刺伤人得很直接
过去被翻阅
结局满天的风雪

一个小时准时收功，又食气。双腿直立时感觉内脏都在颤动，又想起歌德“颤抖是人类最好的部分”这句话，不禁微笑。

2014年8月于瑞典旅行途中

张家界的三千奇峰

第一天

今天下午我们全家去张家界旅行，因此早上的时间就比较宽裕。起床之后站了一个小时的桩，浑身进入相当美妙的境界。

现在杂念减少，不过偶尔还会有一些飞过。脑海中出现一些很安静感人的细节，有梦境中的情景，好像是开车路过一片旷野，碧绿的蒿草飞舞着，中间却出现异常美丽的紫色鲜花，大朵大朵的，花瓣清晰，仿佛就在我的眼前。这些花形状不一，我能认出是不同种类的花，但说不出它们的名字。我记得我很想拿出相机把它们照下来，可是因为开着车无法实现。心里想着为什么田野里的花都是紫色的。然后就变换了场景，这次我不是在开车，而是在步行，并且手中拿着相机。我突然看到前面有一片橘黄色的像卷丹那样的花，就用相机去照。可是，不知为什么，相机的焦距突然出了问题，我拉长镜头的时候，不是那一片花都被放大，而是只有其中的一朵被放大，然后再拉长镜头，另一朵花又被放大。我心想，这个镜头什么时候换过了，怎么变成要一朵一朵地拉伸了，心里挺着急的。想起自己以前在梦里也经常有给美景照相的场面，有时会出现按快门却按不下去的情景，把我急得不行。当然，大部分时间都是我满意地拍下了我喜欢的风景。

最近发现腰部的酸痛提前出现，一般半小时左右就感觉到了。到后来还会出现腰部发冷的现象，让我忍不住想用手心的真气去对付它，但每次都因为时间关系只能在收功搓手之后才这样做。今天稍微不同的是，在半小时之后腰部的酸痛似乎就消退了，而且也未感到凉风侵袭。也许这就是进步的表现？

感到自己的幸福，是对于目前的生存状态，基本上可以有随心所欲的自由。当然，我知道自己的心和欲都没有特别离谱的地方。心属光明，没有黑暗；欲亦无邪，不会作凶。容易满足和快乐，喜欢简单和纯粹，又如何可能不幸福？

现在还在机场等待去张家界的飞机，耳机里放着周杰伦的《世界未末日》：“我牵着你的手，一路穿梭在城市路口；就算故事到了尽头，我们也绝不退缩。”“就算是世界要崩溃，亲爱的我也绝不会落泪；不放弃爱过的那种感觉，珍惜着有你记忆的一切。就算是世界要倾斜，亲爱的我也绝不说离别，就算末日威胁在降临，有爱就不累。”

想到爱（爱情和大爱）带给人的能量，有500能量值，宁静带来的有600能量值（根据大卫·霍金斯的研究），那么在写爱情歌曲的时候，大概应该是两种状态同时并存的吧，那时的能量该有多强呢？这样的爱情歌曲感人的原因有一部分应该与其高能量有关吧？

张家界的风景早有所闻，后来又以电影《阿凡达》的外景拍摄处而闻名于世。

我以前只在沈从文的文章中领略过湘西淳朴而淡雅的山水，当然在黄永玉的山水画中也观赏过，这次全家终于能找到几天时间同游，也是相当不容易了，也算我们家与张家界的缘分吧。不知我梦中的那些山水是否有一些是来自不曾去过的张家界？等待验证！

第二天

昨天的飞机晚点了3个小时，到酒店已经9点半了。这家酒店名叫八戒人文客栈，是一群背包族自己创办的，很有特色。他们负责接站，接站的那位和蔼、耐心。昨天本来是三拨客人，分别在下午、傍晚和晚上到达，结果下午和傍晚的全部晚点，三拨客人居然一车就接回来了。客栈古色古香的，青砖外墙，有门廊、木制的花窗，还是老式的搭扣把窗扣起来关上的那种；进门的时候，发现窗子开着透气。珊珊怕蚊子，我们只能关上窗子开足空调。每个房间都由《西游记》里的地名命名，比如水帘洞、

八戒人文客栈

“水帘洞”房间

高老庄、盘丝洞，等等。

我们要的是家庭式套间，中间一间是公用客厅，左右各有一个大房间，每个房间里有两张大床，很宽敞。家具也有品位，古色古香，木地板，红木椅子，还有放枕头、毯子的木柜，让我想到小时候奶奶家的老家具。客栈的人还自己设计了别有趣味的手绘地图，上面不仅介绍了客栈的缘起和历史，还有风景区和各种交通工具、周边环境、参观景点等重要旅游信息。

今早起来之后，找到半个小时的站桩时间。一站定，就有身轻如燕的感觉。身体一会儿就热起来了，而且没有任何疼痛之处。不到五分钟就食气一次，其他的部位接着也就一一打

手绘地图

通，真气开始弥漫全身，20 分钟左右已经满身火热。闭上眼，只听到外面有大笤帚在青石板上划过的声音，估计是工人在打扫卫生吧。

出客栈之后，找到一个吃早点的铺子，有稀饭、油条以及各种浇头的面条、米粉，我们就坐下来就餐。油条炸得恰到好处，比万豪酒店的还要好吃。配稀饭的小菜也很可口，有榨菜和酸豆角粒，突然激起了我的食欲，结果吃完了一大根油条和一大碗稀饭，完全在我的计划之外。我们吃得很满意。接着就去汽车站坐长途车上山（天子山门票处）。长途车是 19 人坐的小巴，大约需要一个半小时才能到达目的地。车在山里面穿行时，凉风习习，四面都是碧绿的树林，阳光若隐若现，叫人心旷神怡。前几天在上海的时候天天下雨，已经有近一个星期没有见到阳光和蓝天了。听说张家界是座仙山，在山上可以沾上仙气，令我神往。

第三天

今天真正体会到了仙山和仙境的味道。难以用语言形容。直接面对面地站在群山和群峰的前面，就像面对巨幅立体画卷，自己与山没有隔阂、没有距离，可以直接闻到山的气息，张开双臂，仿佛就能飞翔到群山之中。而那些山峰，层层叠叠，间隙之处又长满了绿树，灵气和仙气飘逸，让人目瞪口呆。我站在山峰前，闭上眼睛，想象自己融入其中的感觉，睁眼再看时，山峰愈加清晰，立体感愈强，愈感觉自己已然是其中的一部分。

今天一早出发，没有时间站桩，站在山峰之前，周围又空无一人时，我就趁机站了一会，只不过15分钟时间，感受极妙。仙风徐徐吹来，手心的热气开始晃晃悠悠地飘动，耳边有不断的蝉鸣声，远处响起大声的有回音的“啊……”，经久不息。路边亭子里的中医老翁还放着录音机，听不清是谁的歌声。就在这些声音中，我站在“五郎拜佛”的山峰之前，全身心沉静在虚无之中。

但是，昨天下午去袁家界的感受却完全不同。不是那儿的风景不美，而是游客太多，旅行团一个接一个不停地到来，人气太旺，把仙气都挤没了。我们粗略估计了一下，总共见到的游客人数超过一千人。结果是“天下第一桥”上人挤人，“迷魂台”上见不到一丝仙魂，“擎天一柱”也无甚大力。其实只是人也就罢了，关键是有人之处，噪音就不得了。导游的手提喇叭、小商贩的叫卖声，还有游人的大声呼喊和狂叫，几乎没有片刻的停顿。在中国，我发现很少人对“噪音污染”这件事在意，好像这是生活中很正常的一部分。那些在上海南京路上跳舞的老人，带着录音机大声放着音乐，完全不顾路人的感受。在如此嘈杂的山间，就是有神仙也被吓跑了。

大观台

五郎拜佛

三千奇峰

后来我们去了后花园—— 一个旅行团都不去的地方，才找到片刻的安宁，而且看到了绝美的风景。我们就在那儿坐下来，待了近一个小时，静静享受与这些神奇的山峰在一起的时间。之后我们坐车返回大观台看日落，又发现一个看山的绝佳地点。那些层层叠叠的山峰，在暮霭中，仿佛笼罩了一层薄纱，些许朦胧，些许清晰，静默无语，不拒不迎。我在路边的石阶上坐下，练了一会儿静功，舍不得闭上眼睛，就用目中无物的眼神淡然地面对大山，全身心地沉静下来。

从早到晚走了一天的山路，为了赶在旅行团的前面，我们先去了乌龙寨，是早年土匪藏宝的地方，地势险要而且相当隐蔽。我们拾级而上，有些台阶在巨大的岩石之间，胖一点的人都不

后花园

太过得去。过了乌龙寨登上天梯就可以上“天波府”，原来有一座吊桥相连，但吊桥显然已十分危险，在空中摇摇晃晃的，就被封起来了。另外建了“天梯”，让游客上下。最后一段梯子几乎是 90 度，与地面垂直，必须双手扶住护栏才能一级一级地攀登。我们都勇敢地上去了。天波府上的风光非常壮观，只是游人较多，我们不多久就下了天梯。

接着就去一个叫“一步登天”的地方，但是要到那儿，先

摇晃的吊桥

得返回乌龙寨，然后再走一个半小时的山路。那一片山被称为杨家界。我们决心已下，就毫不犹豫地往前走。这次比较令我鼓舞的是，以前我们全家去爬山，都是我垫后，其他人常常要等我。这次不同，我一直走在前面，而且感觉身轻如燕。走向上的台阶时，一般要到100级以上才会感到心跳加快，否则没有特别的不适。我一路都数着台阶数，每到100级左右，就小歇片刻。路上遇到另外一家四口，两个孩子想往前走，但其父母十分犹豫，想想要走一个半小时才到“一步登天”，而且到了之后还要原路返回，就不愿前行了。这一路游人稀少，正中我们的下怀；但是对于他们来说，发现自己形单影只，反而激不起热情。于是鼓励他们与我们一起前行，两个孩子立刻兴高采烈起来，就这样我们多了几个同伴，一起登上了“一步登天”。在顶上，可以看到 360 度全景的山峰，远处的蜿蜒起伏，近处的根根矗立，而在远近之间，起码有十几层的重峦叠嶂。我想起在加州迪士尼的那个“Soaring California”，让人感觉是在加州的上空飞翔，而且毫无遮挡，就直接在风景上面，近距离地观察。如果能够造一个“Soaring Zhangjiajie”，那该是多么美妙的体验，在山峰之间飞来飞去，尤其是在云雾缭绕的清晨，那我就可以真的成为仙女了！

在“一步登天”处，遇到两个露营的男青年，自己背着全部的行李，寻找可以搭帐篷的营地，准备在山上居住几晚。这是我们第一次在中国看到这样的“背包族”，非常钦佩他们的勇气。我们自己也有过很多露营的经历，但在美国一切都简单得多，而且自己开车，可以带全所有的用品，露营地又都有公园管理处管理，有生火的地方，有洗澡、如厕的地方，很方便。而在西雅图地区，有的露营地在森林之中，有的在海边的沙滩上，与自然贴得很近，让人很容易从现实中逃离。

从“一步登天”下来（可惜没有“一步下山”这等景点），我们又自己雇了一辆车，去一个尚未完全开发的在“老屋场”的景点（空中田园、点兵台、神兵聚会，我对这些名字不是很欣赏，觉得不够文雅）。一路上都是土路，高低不平。驾车的司机健谈，我们才了解到当地的一些恶性竞争情况、个别导游的黑心，以及“葛根粉”的真相。当然更多的是我们了解到他除了开车之外，还开了一家巨大的客栈，并且在山里修了行人道路以方便游客到达景区。他的客栈就在群山之中，客人早上开窗就能看日出，走几步就能到达群峰面前。我们按照他的指引，走着他请人刚修好的小道，来到了“点兵台”。整个景点空无一人，只被我们一家四口暂时拥有。哇，这是何等神奇和美丽的仙境啊。我再一次被它震撼到了。想象自己张开双臂充当翅膀，仿佛就可以飞向那些山峰了，呵呵。

回到客栈后，洗澡吃饭，本地的餐食味道鲜美，茄子、丝瓜、四季豆、土家腊肉、家常豆腐，连贝贝和珊珊也能吃出那些餐食与美国的不同。

空中田园

第四天

今天是我们在张家界的最后一天，去坐电动车直上天子峰。天子峰在我们这几天看的山峰的另一边，处在群山的巅峰，上面有几个著名的景点，如贺龙公园（贺龙的陵园从北京迁到此处）、仙女献花、御笔峰、天子阁等。因为风景都有相似之处，只是观赏的角度不同，两个女儿已经产生了审美疲劳。但是偶然发现那儿的麦当劳却是风味独特，不仅建筑设计有土家风格，就是里面的装饰也十分别致，很合我的胃口。我们要了一些冰激凌、芒果冰沙之类的，在里面休息了半个小时，再去坐索道缆车下山到“十里画廊”。

坐在缆车上看到的风光又不一样，随着下降幅度的增加，山峰开始变得越来越高，而我们则看到越来越多的绿色。郁郁葱葱的树木，大多为低矮的灌木类植物，与我们平时在华盛顿州看到的森林迥然不同。那儿都是高达上百米的参天大树，多为松柏，因此伐木就成为当地重要的经济活动。而此地的树木几乎都无法变成栋梁之材，因此在景点被开发出来之前当地的山民应该都相当穷困。而这个景点的挖掘好像又是《阿凡达》那个电影的功劳。

“十里画廊”的景观就是在平地上看山了。沿着山路造了电动小火车的轨道，游客可以坐小火车进出。为了欣赏风景，我们决定进去的时候步行，出来的时候坐火车。那儿最著名的石峰就

御笔峰

十里画廊

是一座叫作“采药老人”的，老人背着草筐，略弯着腰，有古代名医李时珍的风采。

2015 年 8 月写于中国张家界

沙漠之旅

第一日（上海 —> 旧金山 —> 凤凰城）

今天梦醒时还不到 6 点，很想再睡，又似乎睡不着，就练起了睡功。关注呼吸，立刻感到身体发热，先是丹田和前胸，然后是双腿，之后是背部，全身充满了真气，没有杂念，头脑始终迷迷糊糊的，直到被闹钟叫醒，发现已经过去一个小时了。我在床上收功，然后起床。

早上与上海交通大学的老师及其学生讨论了两个小时的研究论文，就去了机场飞往美国。这次不回家，而是直接和家人在凤凰城见面，开始度假。马上就到圣诞和新年了，美国一定已经充满了节日气氛，就和中国过年一样，大部分人都已经不上班了，学校里更是门庭冷落。凤凰城在沙漠地带，应该是阳光和蓝天吧。

刚刚抵达凤凰城。睁眼看窗外，见到独特的风景，山脉连片，但都是光秃秃的，一棵树也没有，倒是把山的纹理和脉络暴露得清清楚楚，很有意思。

接近凤凰城的时候，出现大片大片的房屋，整整齐齐的，十分有序。还有相当多的高尔夫球场、人工小湖和草坪。天气非常晴朗，阳光普照，气温也很宜人，确实是过冬的好地方！

没有树的山脉

沙漠中的农田

凤凰城的民居

在飞机上一直在看《时间简史》(*A Brief History of Time*)，我完全被书的内容吸引住了。这本书把我过去学过的物理知识全部从大脑里调出来了，而且让我想起当年（高中时）阅读爱因斯坦传记的时候自己对物理学的热情。这本书本来讲述的似乎是宏大而艰深的概念，比如：

时间有头有尾吗？（没有）

宇宙有始有终吗？（没有）

时间和空间是一个绝对还是相对的概念？（相对概念，山上的钟走得比山下的钟要慢）

这个世界最根本的物质是什么？（夸克、原子、中子、电子、核子）

为什么说宇宙是在不断膨胀的？（我们能看见的星星发出的光都偏向红色，长波光，表明星星是不断离地球远去的）

如何证明关于时空、物质、宇宙的不同假设？作者的功底表现在把本来抽象的概念用普通人（有一点物理基础的）可以理解的语言叙述清楚，并将整个物理学在这些问题上的探索和认知的过程及历史故事娓娓道来，生动简洁还不乏幽默感：牛顿的万有引力理论，爱因斯坦的狭义相对论、广义相对论，普朗克的量子力学（光和粒子有时可以同样对待，都有波），它们各自可以解释的现象，以及如何整合它们来解释宇宙的起源和未来。逻辑清晰，推理严密，引人入胜。

第二、三、四日（凤凰城）

到达凤凰城之后，我们在朋友 Anne 家里住下，她自己去了加州，专门把房子留给我们。放下行李，我们就去爬了驼背山

(Camelback Mountain)，就在凤凰城的中心地带。这座山高 1 600 米，全部都是石头，基本保持原生态，好些地方陡峭险峻，必须手脚并用，非常有意思。到了山顶之后看到的是凤凰城 360 度的全景，和我在飞机上看到的相似。而且山顶上还放了一棵圣诞树，有一个圣诞老人在和游客拍照，并免费供应棒棒糖。

游客很多，我们在停车处好不容易才等到一个车位。爬山的人中老人、孩子都有，还有背着初生婴儿上来的。往返总共花了大约三个小时，双腿开始发酸。

第二天我们开车前往附近的一个沙漠植物园，看到许多珍稀植物，跟着讲解员，也学到了不少有关沙漠植物的知识。有趣的是植物园里还有不少小鸟，大部分都是蜂鸟，很小，但飞的时候翅膀抖动得特别快，发出嗡嗡的声音，太可爱了。

给我一个支点，我能推动地球！

回家（Anne 家）的路上，看到正在开采的露天铜矿，其规模令人震惊。而那些被打开的矿山则露出多种颜色，是我第一次看见露天采矿的景象，大开眼界。

露天铜矿

晚上（圣诞除夕）去 Mission 吃饭——法国化了的墨西哥食品，味道正宗，价钱昂贵。餐厅里座无虚席。

Anne 房间里的一幅照片很有震慑力，我也很喜欢。是关于已逝的天主教皇保罗二世（John Paul II）的，他手拿十字架，神情痛楚，似乎正在体验人类的苦难，又在为人类祈祷。题字是：

> 在人生的暮年，我们的价值是以我们付出的爱来衡量的。
>
> （In the evening of our life, we will be judged on love.）

也许这也是Anne所笃信的，她是虔诚的天主教徒。我深受感动。

圣诞节我们去凤凰城中心转了一圈，城里空空荡荡的，除了教堂和电影院，其余无一开放之处，大家都在家里过节啊。

后来我们去了亚利桑那州立大学的校园，在校园里逛了一圈，发现一条棕榈树小道，非常有趣，就在那儿逗留了一会儿，给珊珊拍照。又发现校园里有许多橘子树、柠檬树，有的街道就叫橘子街、柠檬街。而且更妙的是，现在树上正是硕果累累的时候。我情不自禁摘了两个留作纪念。

下午在机场接了贝贝之后我们就驱车前往图森，这是亚利桑那州靠南面的一座城市，有一个Saguaro（仙人）国家

圣诞节的教堂

装满阳光的橘子

公园自然保护区，这块沙漠是索诺兰沙漠的一部分，地貌与非洲的撒哈拉大沙漠非常不同。里面有数以百万计的仙人掌、仙人球、仙人柱。特别是那些仙人柱，据说每年只能长几英寸，因此那些数米高的仙人柱大都已经在这里生活了几百年甚至上千年。而且每一株里面大约承载着6吨水。太神奇了！

亚利桑那州立大学的棕榈大道

第五、六、七、八日（图森，亚利桑那）

早上出发，去附近的国家公园。先走了一条山路，全部在石头山上，山上则是仙人柱林立，而且千姿百态、千奇百怪。

这些仙人柱有人的影子，远看就像一个人形，有的伸出了两只手臂，有的则长了三头六臂，有的手臂向上伸，有的手臂向边上延伸，还有的向下弯曲或向上弯曲，就像大象的鼻子一样，实在是大自然的奇观。据说这些仙人柱在开始长手臂的时候，至少已经有 75 年的寿命了；如果已经长了若干只手臂的话，就至少也有百岁了。所以很多沙漠上的仙人柱，都已经在那儿站立了三百多年了。也许这就是它们被称为“仙人”的原因吧。而在英文里面它们只被称为“Cactus”，在西班牙语里，则是“Saguaro”，大概也有“仙人”的意思吧。因为当印第安人或墨西哥人说“Saguaro”

红豆爬上了仙人柱

这棵仙人柱的年纪有多大?

的时候，显示出相当神圣的表情，仿佛它们是有灵魂的生命，而不仅仅是植物而已。

亚利桑那的阳光确实厉害，每天基本都是阳光灿烂、无遮无

菩萨岩

仙人柱

仙人球

仙人柱上的黛丽亚和红豆

挡。天空也是出奇的蓝，特别适合拍照。我照了一些以“光和影”为主题的照片，感受阳光的韵律。

斜纹柱

黑白道

绳杜

蓝天的白色影子

墙上的椅子

夕阳仙人柱

干枝余晖

仙人柱

蝶恋仙人果

我们之后去了一个沙漠动物园＋博物馆，在那儿除了看到仙人掌、仙人球、仙人柱之外，还看到许多有趣的植物（如亲亲果、宝葫芦）和动物（如爬行类动物、山羊、豹子、狼、野猪），特别是那些美丽的蝴蝶和小鸟，还有猫头鹰，都被我们一一摄入镜头。

米色猫头鹰

蝶恋花

小蜂鸟

灰色猫头鹰

宝葫芦

圣诞节的亲亲果

晚上去了一家墨西哥餐馆吃饭，餐馆以店主的名字（Martin）命名，没想到此人还是艺术家，店里的装饰和画都是他的作品。

后来我们又去了萨格鲁国家公园的东园，据说与西园的风光很不相同。我们走了三条山路（Mica View，Loma Verde，Freeman Homestead），总共大约6英里的路程，看见沙漠不同部位的风光和植物。尤其是天上的云彩，非常奇特。

墨西哥餐馆墙上的装饰

闲云野趣

云层中的彩虹

风卷残云

有趣的是我们发现有的仙人球边上，散落了许多“菠萝”，捡起来一看，里面是空心的，但是藏着许多黑色的小籽，原来是仙人球种子的藏身处。我们奇怪这些“菠萝”是如何掉下来的，是被人摘下的，还是被风吹落的？但是我们用手掰了一下，觉得都不太可能。后来一个假设形成了，大家都觉得比较合理：是仙人球自己发力把它们喷射出来的。就像黄瓜成熟之后播种一样，也是自己“爆破”把肚子里的籽给喷出来的。太奇妙了！

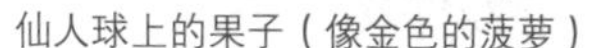
仙人球上的果子（像金色的菠萝）

仙人刺

这几天顺便给不同的树枝拍了照。沙漠地带的树与西雅图的截然不同，很有意思。

使命

愿景

常青树

树中自有茅草屋

青丝万缕

丝丝入扣

错落有“枝”

飞上枝头

沙漠植物园中的树

轻描淡写

第八天的时候，天气依然晴朗。天空是如此蔚蓝，每天都不辜负期望，确实难得。我们住的酒店是万豪的度假式酒店，里面有高尔夫球场、游泳池、健身房、桑拿、蒸汽浴等，外面就可以爬山，山上也长满了仙人柱以及其他的沙漠植物，非常方便。

酒店对面的仙人山

酒店大堂一瞥

在回斯科特斯戴尔的路上，我们又去了柠檬山。这座山最高处达到将近三千米，两千米以上都是积雪，正是滑雪的季节。那儿苍松翠柏，四季常青，感觉和西雅图的山十分相似。一千五百米左右的高度则是沙漠树木和植物丛生之处。再下来到九百米左右则长满了草，在这个季节，一片金黄，迎风飘扬。而在靠近山脚的地方，大约海拔四五百米，才是那些仙人柱生长的地方。啊，这些仙人柱，现在看见它们感觉无比亲切，就像老朋友一样了。

柠檬山特别好玩，有许多可以攀爬的大块岩石，岩石间还有清澈的溪流穿过。

岩石的形状多样，从不同的角度看有不同的形态，在阳光下和阴影中的感觉也不一样。山上的道路修建得特别好，有许多可

摄入夕阳

以拐出来的地方，也有很多可以观赏的远景。等到日落时分，我们又花了一些时间拍摄落日景象，看着晚霞的颜色不断变化，天空的颜色渐深渐蓝，而山顶的夕阳渐红渐紫，相当令人陶醉。

在天边行走

起舞夕阳下

第九、十两日（塞多纳，凤凰城）

今天一早起来就出发去塞多纳——那个以红色岩石著称的旅游胜地。一路开车过去，看到沙漠不同地段的风景，17 号公路上有一段特别有黄土高坡感觉的景致，让我想起电影《黄土地》里的画面，还有那首《信天游》……路上车辆很少，感受到天地之宽广。

塞多纳果然名不虚传。蓝天红岩，视野无际。在其中一座岩石上还建了一座教堂，令人惊讶叫绝。

第十日清晨醒来，只见外面白雪飘飞，所有的车上都已积了厚厚的一层白雪。再开车到钟形岩和法庭岩，景致与昨日的已经迥然不同。虚无缥缈，如入仙境，却给开车造成了较大的挑战。我们决定不再逗留，打道回府。

在回家的路上，我们还是忍不住停车到塞多纳的艺术品销售区转了一圈。这个区域全是西班牙风格的建筑，小巧精致，回廊庭院，甚至还有一座小小的教堂。在美国，不管是在多么繁华的地方，或是商业气息多浓厚之处，总能找到让灵魂净化的一小块净土，也是我特别喜欢的。

在这里的两家小店，我们发现许多特别有创意的玻璃艺术作品，美丽且富有想象力。

红岩教堂

钟形岩、法庭岩

连接岩石的桥

壮观奇景 270 度

屹立不屈

雪中的法庭岩

白色除夕

温柔起舞的水草

沙漠集市（壁画）

而下面这幅作品，正好可以表现我们对 2015 年的祈福祝愿。

祝福 2015

2014 年 12 月于美国西雅图

江南游记

第一站：广州

12 月 10 日从西雅图出发，经旧金山、北京，到达广州时已是 12 月 11 日半夜，入住中山大学校内的酒店，就在珠江边上。12 日休整了一天，早上起来发现天气晴朗，蓝天暖阳，天气宜人。自己独自在校园内漫步而行，欣赏这个由孙中山创办的百年大学的风光。校园内那些参天古树让我颇为着迷，有许多树的树干上缠满了藤叶，密密麻麻，像是长了绒毛一般。还有些树长满了长须，一缕一缕地挂下来，就像一个历经了岁月的老者，静观世间发生的一切。我站在树下朝天上看，看见树杈间和树叶间透出来的蓝天，把树的形状更衬托得美丽迷人，忍不住拍了很多照片。而那些从古树里渗透出来的神秘气息，也让我心神迷醉。

除了这些四季常青的古树，我还惊喜地发现校园里有好些开满了紫荆花的大树。最早看到紫荆花是在香港，转眼已是 20 年前的事了。那时香港刚刚回归，用紫荆花作为香港的标志性花

参天古树

朵，我还印象深刻。没想到紫荆花在广州似乎有更悠久的历史。从树龄看，这些紫荆花树起码也有上百年了。虽然树干不粗，但树之高大、枝丫之多而复杂，以及花朵之形状，就有相当的震撼力。而且正好处于落花时节，在树下，花瓣和花朵简直铺满了地面，远远看去，紫云一片。我站在这些树下仔细观察，寻找可以拍摄的角度，结果有相当满意的发现。而且，在反复观察之后，我看到紫荆花往往是在一长串树叶的末梢处并列开放的。更有意思的是，我发现其叶片也是美丽无比，不仅形状、纹路独特，而且在阳光的照

紫荆花

中山大学

珠江之滨

射下，还有半透明的感觉，妙哉。

下午走出校园北门，到珠江边漫步了一个小时。江边的石护栏修得很好，对岸的高楼大厦虽然在雾霾之中，但轮廓还算清晰，那个著名的“小蛮腰”电视台建筑也在。江边静悄悄的，行人很少，间或有一些骑着自行车的学生模样的人从我身边路过。我注意到那些自行车大部分是橘黄色的摩拜单车，或者是淡黄色的ofo，都是新出现的以互联网为平台的出行服务公司的产品。我看到自行车上写着“半小时1元”的字样，心想假如我有这个APP的话，肯定就骑车出行了。当然走路的好处是可以活动身体，而且沐浴在午后温暖的阳光里，一个人静静地走，又是多么让人开心的事啊。路边还有很多植物和花朵，偶尔还能闻到桂花的香味。

晚上和会议嘉宾一起吃饭，突然听到一个令人惊诧的消息。原定于第二天举行的国际会议因为学校说管理学院没有预先申报，所以不能召开了。学院领导商量之后决定把这次会议改成国内会议，但是因此外国大学的学者（Oded Shenkar、Gary Bruton，还有我）就不能做主题演讲了，最多只能参加点评。这个突如其来的改变让会议组织者非常紧张，需要立刻重新编排会议议程，并且重新制作相应的印刷材料，包括会场的标语牌，等等，简直令人难以想象。好在几个外国学者都是中国通，对中国的形势和变化了解并容忍，只是前来参会的400位学者第二天可能会相当吃惊并失望。

第二天大会开始的时候我们几位为了避嫌就没有出席，我在房间里仔细阅读印刷出来的演示文稿，发现陆亚东和Oded的报告都很有意思，尤其是亚东的，没有三个小时讲不透彻，因此现在把这三个小时都给了他，应该是恰到好处。中午一起就餐时，果真听到如此的反应，心中释然，也敬佩会议组织者的变通能力。下午参与论文点评，讨论非常热烈，也有幸遇到许多善于思考的年轻学者和学生，感觉到国内学术界的进步。

第二站：上海

这次从北京坐火车到上海，近距离观察到了严重的雾霾。这一天是北京宣布中小学停课三天的第一天，火车从北京缓缓离开的时候，我想也许雾霾的状况会渐渐好转，没想到离开北京市区之后，空气的能见度反而越来越差，我估计是到了河北省的钢铁工厂林立之处，连近处的白杨树的树干都朦朦胧胧的，有的地段简直都有“伸手不见五指”的感觉，令我十分悲哀。想到在出租车上，司机自己居然都戴着口罩，还问我为什么不戴口罩，我只能说我正“逃离”北京。司机一听就是老北京，向我解释了半天为什么当年北京一刮风就是风沙满天飞（没有防护林），而现在只有刮风才能刮走雾霾的情况。所以现在北京人都盼望风的到来。我到达上海的时候发现雾霾情况并未好转，可见全国几乎就是天下雾霾（乌鸦）一般黑了。

第二天上海下雨，雾霾的状况有所好转。一早先去复旦大学见了笑君，讨论了我们论文的修改计划。接着召开《管理视野》编辑部会议，回顾一年的工作并进行明年的出版部署。2016 年我们出版了四期杂志，内容照样新颖、引人入胜，营销也有进展，不过需要继续努力。我自己对内容相当满意，对杂志的设计和印刷也很喜欢。

下午给老师和博士生做了一个研究报告，是我和碧莲、曦济一起做了三年的有关道德行为持续性的研究。近年来有一系列研究发现，人在做了好事之后，会产生自己有资格去做些坏事的心理，被称为“道德执照”。我们认为做好事和做坏事之间的关系不是这么简单的，很显然有些人一辈子做好事，从不做坏事；但也有人做了大量的坏事，却没做什么好事。我们的研究发现，一个人在做了好事之后，究竟是会继续做好事还是会做坏事取决于

《管理视野》杂志封面

这个人的“道德弹性商数”，道德弹性商数 = 目前累积的道德行为已经达到的状态 / 理想的道德状态。当这个商数小于 1 时，此人会继续做好事；当这个商数大于 1 时，此人可能会做些坏事以使自己达到平衡状态。但是，当该值远远大于 1 时，由于道德规范的约束，个体也不会做太多坏事。这个研究结果很有意思，也有很强的解释力，引起了大家的热烈讨论。

第三站：杭州

到达杭州的时候，已是晚饭时分。这次是葛列众邀请我来参加浙江大学心理科学研究中心的成立大会的。老葛是我在杭州大学读心理学时的同学，高我三级，但彼此十分了解、信任，很投缘。这个研究中心成立的事情实在是说来话长，与心理系在过去二十年中的每况愈下有紧密的联系。但不知为什么，似乎又没有人可以在心理系做一番直接的天翻地覆的变革，以恢复当年陈立先生、汪安圣先生在世时的辉煌。因此才成立这个中心走迂回曲折的道路重振浙江大学的心理学科。其实老葛已在多年前离开了心理系（无奈之举），在浙江理工大学成立了实验室，带了一大批学生，完成了许多国家级的科研项目成果卓著。一转眼已到将近退休的年龄，在浙江大学理学院院长的劝说下，决定离开浙江理工大学，重新加入浙江大学。

这次最有意思的是老葛邀请了许多老心理系的杰出校友，特别是海外的，因此突然就遇见了三十多年未见的老朋友，比如现在在多伦多大学的李康，加州大学的陈传生、朱书宏等。还有在中国科学院的李纾、北京大学的谢晓非。那天在北京还偶遇李纾的六十大寿庆典，一下飞机就赶过去祝贺，给他一个巨大的惊喜（老葛的安排）。大家在一起吃烤全羊，喝茅台，回忆曾经一起在杭州大学学习的岁月，十分开心。

我们住在金溪山庄，就在西湖边上，靠近曲院风荷和花圃，曾经是中央领导来杭州的下榻之处，现在对外开放营业了。励扬和珊珊在同一天晚上到达杭州，趁我开会的时候，他们自己出去闲逛。杭州今年暖冬，天上下着毛毛雨，让浓妆淡抹总相宜的西湖充满了诗意。我们早上去了浙江大学老校区召开成立大会，浙

李纾、谢晓非、陈晓萍、葛列众

江大学校长、理学院院长，以及心理系已经退休的老教授们都来了，包括我读硕士时的导师卢盛忠教授。我们见面非常亲切，有许多话要说。主题演讲的嘉宾基本来自国家级的机构，比如航空航天局的领导，讲了人机工效学在航天科学中的应用，等等，让我增长了不少见识。

我们坐大巴来回，李康和我在大巴上坐在一起，虽然我们已有太长时间没有见面，但是一见如故（现在体会到一见如故的真意）。他在儿童心理学领域的研究做得风生水起，尤其是关于儿童撒谎的研究，去年还做了一个 Ted 演讲，非常精彩。他和我说起他新做的一家公司，就是他研究成果的应用，是有关通过识别

金溪山庄正门

面部皮层之下血液流动分布的状况来判断表情变化以及撒谎的，非常有效，可以应用到医学领域，也可以应用到其他领域。我想起自己做研究的时候曾经使用过的一个测量情绪的软件，叫作Emotient，他说他知道，也和这家公司有联系。之后我谈及自己主编的《管理视野》，鼓励他把他的研究成果或者观察思考写成文字，通过专栏的方式与我们的读者交流，他很爽快地答应了。他说他太太今年给他定的目标是在《纽约客》上发表文章，他说这个目标太高，先从稍微低端一点的刊物开始。哈哈，看来太太的要求也是一种有效的激励手段！

下午回酒店进行小范围的战略讨论，涉及中心未来的发展方向、人才招聘等话题。每个与会者都提出了自己的看法、想法、观点、建议，应该可以对中心的主要负责人比如老葛、钱秀莹等有所帮助。

晚饭在酒店的自助餐厅，与李康、陈传生、朱书宏、钱秀莹一起用餐。李康喜欢喝啤酒，于是我们就边喝边聊，主要回忆过去三十年心理系的变化，并探索一直走下坡路的原因。大家一致的共识就是领导的问题（自私、武大郎开店）。我们把历届的每个领导都分析了一遍，作为旁观者，我们的观察和结论竟然如此一致，谈话如此投机，真是太开心了！

第二天一早我就去了浙江大学管理学院，与管理系的新系主任谢小云聊了很长时间，了解到这些年来管理学院的演变，特别是管理系的变化，很欣慰。小云是我这些年来在浙江大学遇到的一个少有的具有领导力的系主任，因为他把全系的发展放在重要的位置上，鼓励学者之间的开放交流，而不是自立门户、狭隘主义，害怕别人抢了自己的风头。午饭之前吴晓波院长还专门抽出时间与我聊了一会儿，后来周伟华副院长和 EMBA 的主任又和我共进午餐。我发现浙江大学管理学院这一届的领导班子比上一届的要更与时代节奏合拍。

晚上我们从金溪山庄搬到北山路上的新新饭店，经过四五年的装修，这家酒店有了非常强烈的民国风范，不仅大楼本身的设计，而且内部装修的具体细节（台灯、壁纸、地毯、床、书桌、柜子、茶几），都有相当一致的时代韵味，古旧、雅致，非常有品位。当然更好的是，房间的窗子对着西湖，早上睁开眼睛就看见参天的梧桐树枝和残留的树叶，以及树影后面的整个西湖，包括里西湖与外西湖之间的白堤和断桥，以及堤上的杨柳和桃树。湖面平静的时候，有完整的倒影，清清影像、楚楚动人。

而这条北山路上又有我多少少年和青春岁月的印记！

两年高中、四年本科、三年硕士，从家里到学校，几乎每天都要从这条路上骑自行车路过。当时还有好几个同学就住在这条

新新饭店

新新饭店一角

街边上的院落里。后来在大学时谈恋爱，也不知在这条路上走过多少遍。路上的每一堵墙、每一个小岔路口，都十分熟悉。新新饭店就在这条路上，感觉实在亲切。

北山路边的湖水中种植了大片的荷花，夏天时粉嫩的荷花开得热闹，总是引来无数观赏者。现在正值冬天，荷叶都已枯萎，有些莲蓬也干枯了，却还立着，但有些已经折断，落入水中。即使如此，残荷之美，也是我可以欣赏的。

第二天清早起床他们去吃早餐，我就面对西湖站在窗前站桩，

永远的北山路

留得残荷

残蓬

阳光穿过梧桐树透过窗子照进来，让我全身都沐浴在阳光里，感觉暖洋洋的。很快进入寂静虚极的状态。睁开眼面前是波光粼粼的西湖，一条细细的白堤横隔在两湖之间，断桥和树木呈现完美的倒影。美极。想起昨天晚上闲逛西湖时的西泠桥，也是美极。

夜西湖

然后我们仨一起出发去爬保俶山。从酒店出门左转，路过葛岭，又路过几个新建的纪念馆，包括西湖博览会博物馆，再左转，就到了上山的台阶和道路。台阶两边是茂密的竹林，还有几棵红得透亮的枫树，在阳光的照耀下，色彩迷人。杭州熟悉的风景和气味就这样直接从我的记忆中跑出来涌现在我的面前。

翠竹青青

山间树林

经过若干级台阶之后，我们就来到了保俶塔面前。这座实心的石塔是杭州的一个标志性建筑，多少年来矗立在此，被摄入众多影像之中。遗憾的是我对该塔的故事完全不知，不像杭州的另外两座名塔：雷峰塔与六和塔，有其传说故事，而且可以进入塔内，爬到塔顶。但是保俶塔边上的岩石颇为好玩，是小时候我们来春游的好地方，小朋友们可以在这里捉迷藏。珊珊也喜欢爬这些看上去惊险但其实安全的大石头，石头上也凿出了自然的台阶。我们选了一面向阳的石坡坐下，完整的西湖便尽收眼底了。

保俶塔

歇息片刻之后，我们继续前行，不多久就来到了抱朴道院。想起大学时有一天山上突然下起了雨，我们曾经在此道观借了一把雨伞（要求押学生证）回学校的往事。那时的道观破旧，掩映在大树之后，不注意都看不见。但现在已经修复一新，黄色的墙蜿蜒起伏，环抱道观。墙后树影、光影如透明一般，美丽非凡。

从道观出来，我们去了初阳台，再次俯瞰西湖。接着下坡直接走到了栖霞岭，那儿曾经是好多美院的老画家的住所，我的高中同学姚惟那时就住在这里，他父亲姚耕耘是美院的国画老师，现在她的国画也已自成一派了。我们发现这条小巷上有一些AirBnB出租房，左边还有一排特别有江南特色的排屋，白墙黑瓦，起承转合，连成一体。遗憾的是，发现这么有情调的建筑竟然是“宪法展览馆”。

抱朴道院的围墙

江南排屋

下得栖霞岭，我们就跳上 7 路公交车前往灵隐寺。我可能已经有二十多年没有去灵隐寺了。小时候都是奶奶带我去的，印象特别深的是大雄宝殿里释迦牟尼像后面的那座三十三天的浮雕壁画，必须完全仰头才能看全，在小孩子的眼里，那就是天上的盛世了。这座巨幅浮雕我在世界各地其他的庙宇里都不曾见过。

灵隐寺与全国其他寺庙的不同之处在于它所处的位置以及周围山、水、石俱全的幽深环境；而且其占地面积之大，也是相当壮观的。记得小学时学农劳动曾到灵隐寺周边的茶园采茶，离家一星期，大家在农场的大仓库里打地铺睡觉。那时从学校步行到灵隐寺，一大队（几百个）小学生排着队在马路上行走，想必也是相当壮观的情景了。现在发现其实灵隐寺一点都不远，几站路就到了。

下车之后买门票进去，马上想起飞来峰里的一线天，以及石壁上的各路菩萨。记得“文革”时许多庙宇都被砸掉了，灵隐寺之所以幸存下来还是因为周总理的保护令。果然看见了一线天的字样，进入洞里，只见一小块天空，光线透了进来，让人在黑暗绝望的时刻，也能看到希望和光明。

接着就来到大雄宝殿，灵隐寺的宝殿很多，一个接着一个，依山势而建。每个宝殿的主题都不太相同，里面供奉的菩萨也不一样。走出藏经楼，继续拾级而上，回头一看，只见大树上挂着几枚最后的秋叶，与翘起的屋檐连接，而那些屋檐上表示吉祥的

灵隐飞来峰——菩萨云集处

动物，仿佛都在翘首祈盼。在蓝天的映衬下，它们都呈现出美丽的剪影，有祈福新年的味道。

祈福 2017

我们在灵隐寺漫步，差不多走了一个下午，享受阳光、佛光和宁静祥和的气息。将近傍晚时，我们跳上 7 路车回到湖滨，正好是夕阳西下时分，我们在六公园散步，看太阳一点一点西沉，好像就要落入西湖水中。湖上还有人泛舟，远处群山叠嶂，最美的西湖日落也不过如此了，这也是我记忆中太熟悉的风景。

第三天我们与卢老师一家见面、午餐，之后又一起到星巴克喝咖啡聊天。卢老师和徐老师虽然都年过八旬，但身体硬朗、精神矍铄。尤其是他们的记忆力还是那么好，过去年代久远的事件和细节都可以回忆起来，讲述得栩栩如生，令我佩服。想想自己

静观夕阳下沉

的父亲五年前就开始出现严重的记忆衰退，越发觉得老年人的记忆珍贵。夏天见到卢老师的时候我鼓励他把自己记得的往事都写

日落西湖

下来，可以留给后人，是重要的一部分历史。他真的写了一些，也与我分享了一些，我很高兴。这次我建议他发起建立一个以陈立先生名字命名的奖学金或基金会，其实这件事从陈先生去世的那天开始我就想提议了，但是一直没有找到机会（因为我自己不是陈先生的真传弟子，虽然陈先生称呼我为“晓萍同学”，一直到去世之前还与我通信）。

第四天是圣诞节，我们一天都和家人——妹妹小耿一家在一起。早上向明带贝贝和珊珊去了 G20 的会场，极其壮观、奢华；还去了吴山广场一带，贝贝吃了她特别想吃的面条——鳝丝面，

G20 会场

我们和小耿在酒店里聊了很久。

之后一起去了爸爸妈妈家，荣荣一家也都在。爸爸已经认不出我们，而且几个月前脑出血，差点瘫痪，幸亏医治及时，康复有方，才算慢慢恢复了，不需要一直卧床。妈妈辛苦地照顾爸爸，身体也比较疲劳。弟弟的女儿陈颖周末也要去学校上课，下午才回来。我们坐在一起聊天，谈谈每个人的情况，尤其是与身体健康有关的话题。我还给他们演示了站桩的方法。之后大家一起去新白鹿餐厅吃晚饭，也算是过年的团圆饭了。

这次在杭州发现了一家我们很喜欢的新餐馆：蒸（真）年轻。该餐馆是“外婆家”的吴老板的又一个杰作，所有菜肴全部用蒸

蒸年轻

笼蒸出来，没有任何煎炒烹炸。他的另一个杰作是“宴西湖”，我们还未能有机会尝试。蒸年轻的装修摆设都十分现代，价格合理，味道正宗。而我能够在这里吃到新鲜的清蒸大闸蟹，也算是非常幸运了。

离开杭州的那天，天空下起了细雨，也许是不愿我们离去吧。我们去了虎跑，那儿有著名的虎跑泉（全国第三大名泉），是泡龙井茶最妙的泉水了。我原来不知道这里也是李叔同（弘一法师）多年修炼之处，以前我来的时候都没有开放过，只记得走到石径的尽头靠山有一间茶室而已。这次细细地走了一遍，体会冬雨中的景致。

虎跑泉水

珍珠雨滴

第四站：苏州

苏州是中国的园林之都。虽然“上有天堂、下有苏杭”是中国的名言，但是苏、杭两个城市的味道还是相当不同的。比起杭州，苏州更小家碧玉，更小资情调，更精致婉约。苏州是我们去过多次的城市，但因为每次去的季节不一样，看到的景致和感觉也就不同了。其中每次必去的是拙政园。连贝贝和珊珊都已经熟知 Humble Administrator’s Garden——拙政园的英文翻译。这次我们还要再去，并且去参观在它隔壁的苏州博物馆，那是贝聿铭先生的杰作（算是他给家乡的礼物，且是收官之作）。

苏州博物馆的一方蓝天

苏州博物馆的一窗青竹

听说苏州博物馆门庭若市，所以我们提前就在网上订好了门票。没想到那天游客不多，很幸运。博物馆的设计确实巧夺天工，既有苏州园林的韵味，又有现代建筑的简约特点，古中翻新，可以看出贝老先生的用心和精心。里面的收藏比较一般，令人印象深刻的是苏州世家顾姓一家的捐赠，题名“烟云四合”，是几代人诗词、画作收藏的结果。

而这次的拙政园，除了亭台楼阁、小桥流水之外，最令我醉心的是每一座庭阁里面的窗户和窗户上的雕花，每一扇都有不同之处，实在妙不可言。

小桥流水

墙上的自然国画

由于天气太冷，游完拙政园之后我们决定去吃一碗热乎乎的苏州汤面。早就听说苏州的汤面出名，但我还从来没有品尝过。司机带我们到了一家名为陆振兴的面馆，看上去很老套的摆设，餐牌上写了十几种面品，当然还有别的点心，价格都非常便宜。我们点了两碗：鳝糊面和肉丝面。等了十分钟左右，两碗冒着热气的汤面就端上来了。面很细，像日本拉面的形状，面条被整整齐齐地绾起来，绾成十字形状。膳糊是现炒出来的，另外装盘。汤碗很大，面条的分量很足。用筷子搅开之后，夹起来放入嘴里，果然感到面条的筋道，很有嚼头。这两碗面让我们四个人吃

苏州园林：窗里窗外美景都在

得饱饱的，身体的热量也迅速增加，很开心。

吃完面，我们前去与晓阳、晓梅一家团聚。晓阳是我的高中同学，在美国读书、工作若干年之后，决定举家从硅谷搬回来，与同伴在苏州创业，开了一家高科技公司，转眼也有十几年的时间了。晓梅是杭州大学中文系的高才生，多年来一直坚持文学创作，已经出版了一本短篇小说集（《花事》）和若干散文。晓梅的文字特别有民国风味，与张爱玲的文笔不分伯仲。最近即将出版一部长篇小说《何园烟云》（让我想起林语堂的《京华烟云》），讲的就是民国时代发生在何氏家族的故事。晓阳的业余爱好是摄影，特别是人物摄影。他买了高级相机，每天都要给太太晓梅拍若干张照片，一方面是为晓梅未来要出的新书做准备，另一方面则是记录太太美丽的容颜。

我们两家上一次见面已经是 17 年前的事了。那时我们在印第安纳大学的布卢明顿，贝贝才六岁多，珊珊尚未出生；他们在加州的圣荷西（晓阳在思科工作），女儿蓝蓝还几乎是个小婴儿。看到孩子的成长才感到我们自己的年龄。现在贝贝已大学毕业在旧金山工作，蓝蓝在伯克利大学读二年级，珊珊也已经是高中二年级的学生。什么是岁月如梭啊？

我们在金鸡湖边的一家星巴克先喝咖啡聊天，然后到湖边一家苏州餐馆就餐，松鼠桂鱼、龙井虾仁、清蒸大闸蟹、鸡头野菜、烤乳鸽、羊肉煲，等等，还喝了绍兴黄酒，两家人吃吃喝喝，天南海北地聊得很开心。晓阳一家的盛情款待令人难忘。

第五站：乌镇

乌镇位于杭州与上海之间，是近二十年内开发出来的江南名景，早先出名是因为长篇电视连续剧《似水年华》的拍摄，我从头到尾都看了，对乌镇就有了很好的印象。有一年在上海的时候，我一个人参加旅行团的一日游去了东栅，记得在大巴上阅读余华的《兄弟》，上下两册一口气读完，感慨万千。几年之后西栅刚刚完工的时候，与一个班级的同学去那儿游玩过一次，发现西栅的民居修复得更好，整个布局更有味道，而且景区的面积也比东栅要大数倍。乌镇最近几年出名是因为世界互联网大会在那儿开，而且已被定为永久会址。

这次我们一家与励琼一家同游，算十分难得。今年他们一家过来，和我们一样，也是到上海为励扬的母亲庆祝八十大寿的。从上海出发到乌镇，虽然是高速公路，却用了近三个小时。好在天气回暖，蓝天白云，让我们情绪高涨。我们的车停在西栅门口，先坐摆渡车去东栅，一进门就被一堆小店里的吃食吸引住了，又是麦芽糖，又是各种豆腐干、糕点、粽子糖，买个不停，吃个不停。小桥流水人家的景色、石板小巷的古朴，好像都抵不上美食的诱惑。

东栅比较陈旧，许多房屋都有年久失修的感觉，好像一阵狂风吹来就会摇摇欲坠。游客也比较稀松，似乎一个旅行团都没看见。之后我们坐摆渡车回到西栅，风光果然不同。一进门就排队坐轮渡，由人工摇橹的大船，每次可容纳 50 名乘客。进小镇就立刻与水有近距离的接触，突出水乡的主题，构思相当巧妙。下船后我们开始细细品味乌镇的民居、街道、被古藤缠绕的墙壁、古旧的院落、镇中间的小河、河上的木船、河两边的各种小店，享受慢生活的节奏。

当然最吸引大家的还是镇上的小吃。什么牛肉粉丝汤啦，大肉包、萝卜丝油墩子、臭豆腐啦，应有尽有。最好吃的是“吴妈馄饨”店里的大馄饨，有三种馅儿的：野菜素馅、猪肉馅、海鲜馅。三种都十分美味，而且皮薄馅大，分量十足。十个馄饨一

乌镇的咖啡屋

乌镇怀旧照

碗，一个人都无法全部吃完。怪不得这家店一直生意兴隆，总是有人在排队等座位。

乌镇的夜景也是比较著名的。天色将暗之时，华灯初上，把河两岸房屋的轮廓勾勒出来，再倒映在河水里，构成一幅又一幅完美的水乡夜景图。我们的乌镇一日游圆满结束。

印象乌镇

第六站：上海

这次江南行的一个重大节目是庆祝婆婆八十大寿。婆婆是上海人，大学期间去了西安，支援“三线”建设，之后就一直在西安交通大学当教授。退休之后公公婆婆决定回到老家上海，在亲和源定居下来。我们第一天就去了亲和源，并在附近的超市购物，晚上自己动手做了一大桌菜：肉丝香干、冬笋韭黄、茭白杭椒、青菜年糕、油爆虾、杭州酱鸭、酱烤茄子、凉拌莴笋，等等，还蒸了王家沙的八宝饭。全家人（一共九个）聚在一起吃饭，十分热闹。

寿宴的餐馆我们在美国的时候就订好了，在四川中路上离外滩不远的地方。这是一家米其林一星餐厅，没有明显的门面，隐藏在一大堆居民楼里，十分安静。进门后才发现里面别有洞天，而且装修得极具民国范儿。有青砖墙面做背景的天井，穿过之后发现走廊两边各有一些包房，其中一间就是给我们预留的。

晚餐的每一道菜都做得十分精致、入味，观赏价值和品尝价值都非常高，得到大家的一致好评。而且不知不觉就吃了很多、很饱，即使如此，还剩下许多只能打包带走。生日蛋糕是在南京东路第一食品商店的凯司令西点房买的，奶油味很正，蛋糕也很湿润细腻，是我们每次在上海给公公或婆婆过生日时必备的。去年夏天给公公过了八十大寿，吃的也是这款蛋糕。

12 月 30 日和 31 日那两天，我们就闲逛了上海：田子坊、新天地、外滩，等等。我们住在市中心的万豪酒店，步行就可以到外滩，去别的地方坐地铁也很方便。在田子坊那条小弄堂里，两边都是颇有特色的小店，没想到我居然在那儿买了一件特别有中国年味的长外套，可以算是我这辈子最红、最花的一件衣服了，哈哈哈！

在新天地一个新建的商场里，我们发现了它的与众不同之处。首先这里没有所谓的世界名牌店，每一家店的名字和品牌对我们而言都是新鲜的，因为从来没有听过。其次，这些店的商品都相当精致、有创意，而且都是中国本土设计师的品牌。此外，这些品牌可能都与互联网有联系，也许同时还开有网店。当然我们也发现这些商品的价格不菲，即便没有达到国际一线品牌的价位，起码也与国际二线的差不多了。

红红火火过新年

我们特别喜欢的是一家书店，名字叫“猫的天空之城”，大概是因为在天猫上开设的缘故，这里是它的旗舰店。书店里人气很旺，所有的沙发、凳子都坐满了。书店里还出售咖啡以及提拉米苏等点心。仔细观察了一下书店的陈设，发现书架上放的书其实并不多，其他的内容反而占了更多的空间。首先是一大面墙上“给未来的信”的区域，鼓励大家给未来的自己或别人写信。可以约定几个月之后收到，也可以若干年之后收到。一年之内需要寄出的信只需预先多支付2元，但每多等一年就要加10元。信封和信纸另外有卖，有不同的款式，最简单的两张信纸、两个信封需要15元。在店里坐下来写信的人很多，大多是20岁左右的少女，贝贝也决定给自己写一封。我们就坐下来随手翻书，突然就看到书架上有晓梅写的《花事》一书，让我大为兴奋，立刻拍照发微信给她。我挑了一些自己喜欢的作者的书，比如余华的小说《活着》《第七天》，还有杂文集《我们生活在巨大的差距里》，等等，买回去慢慢看。

年夜饭是在全聚德烤鸭店吃的。除了烤鸭，还有龙虾、鲍鱼、螃蟹、甲鱼等各种山珍海味。这些天大吃大喝了很多，但其实让我觉得最好吃的还是酒店附近小街上早晨新鲜出炉的大饼、油条，一口就吃到童年的味道，立刻回忆起小时候的种种往事，感觉实在太幸福了！

2016年12月于中国江南地区